FRANZ MAYER

Das Opportunitätsprinzip in der Verwaltung

Schriftenreihe der Hochschule Speyer

Band 14

Das Opportunitätsprinzip in der Verwaltung

Von

Dr. Franz Mayer

Ordentlicher Professor des öffentlichen Rechts
an der Hochschule für Verwaltungswissenschaften
Speyer

DUNCKER & HUMBLOT / BERLIN

Alle Rechte vorbehalten
© 1963 Duncker & Humblot, Berlin
Gedruckt 1963 bei Hans Winter Buchdruckerei, Berlin 61
Printed in Germany

Vorwort

Die nunmehr als Band 14 der Schriftenreihe der Hochschule für Verwaltungswissenschaften Speyer erscheinende Studie über „Das Opportunitätsprinzip in der Verwaltung" gibt in etwas erweiterter Form die Antrittsvorlesung wieder, die ich am 15. Mai dieses Jahres an der Hochschule für Verwaltungswissenschaften gehalten habe. Sie ist im Rahmen des großen, fast unerschöpflichen Themas „Freiheit und Bindung der Verwaltung" der Sache nach die Fortsetzung meines Beitrags „Das verfassungsrechtliche Gebot der gesetzlichen Ermächtigung" in der Festschrift für Hermann Nottarp, Karlsruhe 1961, S. 187 bis 196. In diesem Festschriftbeitrag komme ich in Auseinandersetzung mit den Lehrmeinungen, die für eine restriktive Interpretation des Art. 20 Abs. 3 GG eintreten, zu dem Ergebnis, daß das Prinzip der Gesetzmäßigkeit der Verwaltung als unmittelbare Folge des Gewaltenteilungsprinzips für das gesamte Verwaltungsgeschehen Geltung beansprucht. Die Gesetzmäßigkeit der Verwaltung ist demnach nicht nur auf die sogenannte Eingriffsverwaltung beschränkt, sondern gilt grundsätzlich für jede hoheitliche, rechtsverbindliche Entscheidung der Verwaltung mit Außenwirkung. Demgegenüber wird vielfach eingewendet, ein so verstandener Primat des Gesetzes nehme der Verwaltung die Dynamik, nehme ihr die für ihr Handeln naturnotwendige Freiheit und ersticke sie gewissermaßen im Recht. Diesem Einwand begegnete ich schon damals mit dem Hinweis, daß selbst eine umfassende gesetzliche Bindung der Verwaltung noch keinesfalls die Infragestellung der Gestaltungsmöglichkeiten und der Ermessensfreiheit der Verwaltung oder gar des Opportunitätsprinzips der Verwaltung zu bedeuten habe. Der weiteren Ausgestaltung und Rechtfertigung dieser These soll nun die nachstehende Abhandlung über „Das Opportunitätsprinzip in der Verwaltung" dienen.

Speyer, den 11. Dezember 1962

Der Verfasser

Inhalt

I. Begriff 9

II. Opportunitätsprinzip und Legalitätsprinzip 10

III. Die Geltung des Opportunitätsprinzips im Bereich der Verwaltung .. 11

IV. Opportunitätsprinzip und Ermessen 13

V. Die frei gestaltende Verwaltung 17

VI. Grenzen des Opportunitätsprinzips 18
    1. Die rechtlichen Bindungen der Verwaltung 18
    2. Opportunitätsprinzip und Normvollzug 23
    3. Opportunitätsprinzip und Verwaltungsaufgabe 25
    4. Opportunitätsprinzip und Verwaltungsverfahren 29
    5. Opportunitätsprinzip und subjektiv-öffenliches Recht 30

VII. Opportunitätsprinzip und Rechtsstaatsprinzip 37

Zu den immer aktuellen Grundthemen des öffentlichen Rechts gehört die Frage nach Freiheit und Bindung der Verwaltung. Mit dieser Frage befassen sich vor allem seit dem Inkrafttreten des Grundgesetzes und der neuen Verwaltungsgerichtsgesetze die Erörterungen um Inhalt und Umfang des Prinzips der Gesetzmäßigkeit der Verwaltung sowie die Auseinandersetzungen um die Abgrenzung von Ermessen und unbestimmtem Gesetzesbegriff. Die neuere höchstrichterliche Rechtsprechung hat nunmehr[1] einen weiteren Aspekt dieses Grundthemas Freiheit und Bindung der Verwaltung zur Diskussion gestellt, das Opportunitätsprinzip der Verwaltung, das bislang im Schatten der Ermessensprobleme der Verwaltung liegend, eigentlich mehr nur Erwähnung, aber nicht die seiner Bedeutung für die Verwaltung zukommende Darstellung erfahren hat.

I. Begriff

Opportunität bedeutet dem schlichten Wortsinn nach Zweckmäßigkeit. Es ist das italienische opportunità, das herkömmlicherweise mit Zweckmäßigkeit übersetzt wird und das seine Wurzel in den lateinischen Begriffen opportunus = gelegen, geeignet, günstig, passend und opportunitas = günstige Lage, gelegene Zeit, günstige Gelegenheit, zweckmäßige Anlage, Vorteil hat. Als Fremdwort opportun hat der Begriff auch Eingang in unsere Sprache gefunden und in der Ausformung Opportunist eine bereits recht einseitige, uns schon anrüchig erscheinende Sinngebung erlangt. Diese einseitige Bedeutung kommt dem Begriff Opportunität, wie er im Bereich der Verwaltung verwendet wird, nicht zu, wenngleich im sich emanzipierenden Rechtswegestaat der eine oder andere in Verkennung der Bedeutung des Opportunitätsprinzips für die Handlungsfähigkeit der Verwaltung vielleicht dazu neigen mag, die Opportunität gegenüber der Legalität als nachrangig zu empfinden.

Unter Opportunitätsprinzip verstehen wir im Bereich der Verwaltung einen Grundsatz des Verwaltungshandelns, der besagt, daß die Verwaltungsbehörden in einem bestimmten, an Hand der Rechtsordnung im einzelnen feststellbaren Bereich der Verwaltung eine mehr oder weniger große Freiheit des Eingreifens, des Handelns und Ge-

---

[1] Entscheidung des BVerwG v. 18. 8. 1960, BVerwGE Bd. 11, S. 95 = DVBl. 1961, S. 125 mit Anmerkung von Bachof = VerwRspr. Bd. 13, S. 180 = BayVBl. 1961, S. 53 = BBauBl. 1961, S. 25 = ZMR 1961, S. 181 = NJW 1961, S. 793.

staltens nach ihren Zweckmäßigkeitsüberlegungen besitzen. Zweckmäßigkeit und Freiheit sind die beiden Grundelemente des Terminus Opportunitätsprinzip oder wie es K. E. v. Turegg[2] sehr einfach dahin umschrieben hat, „wenn das Gesetz nicht ausnahmsweise die Verwaltungsbehörden zum Eingreifen zwingt, hängt das Eingreifen von dem eigenen Willen der Verwaltung ab". Der Grundsatz der Opportunität hat demnach im Bereich der Verwaltung die Bedeutung, daß die Verwaltungsbehörden nach Lage des konkreten Falles, selbstverständlich unter sinnvoller Wahrung ihrer Ordnungsfunktion, zu prüfen haben, ob ein Einschreiten, ein Handeln der Verwaltung im Einzelfalle überhaupt geboten und gegebenenfalls, welche Maßnahme zu treffen ist[3]. Die Freiheit des Handelns der Verwaltung im Sinne dieser Opportunität bezieht sich dabei sowohl auf das „Ob" wie auch auf das „Wie" des Handelns[4]. Da beide Erwägungen, die Frage nach dem „Ob" und die Frage nach dem „Wie" des Verwaltungshandelns unabdingbar zum Verwaltungsvorgang gehören und sich die Freiheit der Verwaltung auf alle Positionen des Handlungsablaufs erstrecken kann, hat man sich das Opportunitätsprinzip als den ganzen Bereich des freien Handelns der Verwaltung umfassend vorzustellen.

II. Opportunitätsprinzip und Legalitätsprinzip

Dieser Freiheit der Wahl beim verwaltungsbehördlichen Handeln wird herkömmlicherweise gegenübergestellt der Zwang für die Verwaltungsbehörde zum Handeln. Dem Opportunitätsprinzip entspricht als Kontrastbegriff das Legalitätsprinzip. Beides sind Prinzipien, die nicht etwa nur schlicht antinomisch sind, nicht nur kontrastieren, sondern auch rückbezüglich sind, ja wie wir noch sehen werden, in gewisser Weise einander sogar bedingen und im Bereich der Verwaltung die verschiedensten Verbindungen eingehen. Der Zwang zum hoheitlichen Handeln der Verwaltungsbehörde, wie er sich im Legalitätsprinzip manifestiert, ist mehr als nur die Bindung an Gesetz und Recht, wie sie in den Befugnisnormen der Verwaltungsgesetze zum Ausdruck kommt. Insoweit sind nämlich Opportunitätsprinzip und Rechtsbindung gar keine Gegensätze. Die Verwaltung wird nämlich nicht erst durch die eine Ermächtigung zum Handeln, eine Befugnis enthaltende Norm (Befugnisnorm) an das Gesetz gebunden, die Freiheit der Verwaltung auch nicht etwa durch die Erweiterung der Befugniskataloge der Verwaltungsgesetze beschnitten, sondern einzig und allein durch die verfas-

---

[2] Lehrbuch des Verwaltungsrechts, 3. Aufl., Berlin 1956, S. 181.
[3] Vgl. das Urteil des OVG Lüneburg v. 30. 6. 1960, DVBl. 1960, S. 648.
[4] Vgl. dazu Urteil des BGH v. 11. 6. 1952, BGHLM § 839 (Fg) BGB Nr. 3 = DÖV 1952, S. 734 = DVBl. 1952, S. 703.

sungsrechtlichen und gesetzlichen Gebote, die solche Befugnisse überhaupt erst bedingen. Von einem rechtlichen Zwang im Sinne des Legalitätsprinzips kann man nur sprechen, wenn bei Vorliegen eines bestimmten Sachverhalts ein bestimmtes Handeln der Verwaltung die zwangsläufige Folge ist. Den typischen Fall einer solchen Legalität finden wir etwa in § 163 StPO, wo der Verdacht strafbarer Handlungen ipso iure eine staatsanwaltschaftliche oder polizeiliche Tätigkeit zur Folge hat oder im Steuerrecht, wo bei Erfüllung des Steuertatbestandes die Besteuerung, der Steuerbescheid grundsätzlich die legale, die gesetzliche Folge ist. Die Legalität in diesem Sinne wird also gekennzeichnet durch die Automatik der Entscheidung. Das Verwaltungshandeln beschränkt sich hier mehr auf kognitive Funktionen, die für die Verwaltung an sich nicht typisch sind. Die neuere Verwaltungsgesetzgebung zeigt allerdings eine Tendenz zum Legalitätsprinzip, zur mehr oder weniger ausgeprägten Automatik der Verwaltungsentscheidung, eine Entwicklung, die vordergründig als Übermächtigwerden der gesetzgebenden Gewalt erscheint, in ihrem Wesen aber einen Strukturwandel, ja einen Strukturverfall des Gesetzes darstellt. Der nicht nur in der Verwaltungspraxis viel gerügte Perfektionismus neuerer Gesetze, die Zunahme der Maßnahmegesetze, sowie die Aufnahme von Regelungen in das Gesetz, die man bisher in Ministerialentschließungen unterzubringen pflegte, kennzeichnen diese Situation.

III. Die Geltung des Opportunitätsprinzips im Bereich der Verwaltung

Im Zuge der verfassungsadäquaten Umgestaltung des überkommenen Verwaltungsrechts kommt der Frage nach der Herrschaft von Legalitäts- und Opportunitätsprinzip im Bereich der Verwaltung wachsende Bedeutung zu. Und gerade für diese Frage gibt es immer noch keine eingehende wissenschaftliche Untersuchung. *Tezner*[5] hat diese bei seiner Behandlung des freien Verwaltungsermessens bereits in den frühen zwanziger Jahren unseres Jahrhunderts gefordert. Die spärliche Literatur zum Opportunitätsprinzip der Verwaltung muß um so mehr wundernehmen, als die hier anstehenden Fragen in engem Zusammenhang mit den Ermessensproblemen der Verwaltung stehen, die bis in unsere Tage eine recht ausgiebige wissenschaftliche Erörterung gefunden haben. Die herrschende Lehre anerkennt die Geltung eines Opportunitätsprinzips der Verwaltung zumindest für den Bereich des Polizeirechts, wenngleich gerade in letzter Zeit vielfach bereits von einer nur beschränkten, limitierten Opportunität beim polizei-

---

[5] Friedrich Tezner, Das freie Ermessen der Verwaltungsbehörden, Leipzig und Wien 1924, S. 40.

III. Die Geltung des Opportunitätsprinzips im Bereich der Verwaltung

lichen Handeln die Rede war[6]. Während *Drews-Wacke* unter Hinweis auf die Rechtsprechung des preußischen Oberverwaltungsgerichts das Opportunitätsprinzip für den polizeilichen Raum und die Verwaltung im Bereich der öffentlichen Sicherheit und Ordnung uneingeschränkt bejahen, haben *Thoma* und *Bühler* gerade vom Polizeirecht herkommend das Opportunitätsprinzip in Frage gestellt[7]. Rechtskonstruktiv erscheint diese Ablehnung des Opportunitätsprinzips gar nicht so abwegig, wenn man sich das Polizeirecht der damaligen Zeit mit seiner Vermengung von Zuständigkeit und Ermächtigung, von Aufgabe und Befugnis vor Augen führt. Mangels gesetzten Rechts erschloß man unter Verwendung vorkonstitutioneller Formeln wie etwa des § 10 II 17 ALR aus Normen, die eine Aufgabe umschrieben oder allenfalls die Zuständigkeit abgrenzten[8], eine Befugnis zum rechtseingreifenden Handeln. Daß das Opportunitätsprinzip so häufig im Zusammenhang mit dem Polizei- und Sicherheitsrecht zur Erörterung gestellt wird, daß die Problematik dieses Prinzips hier am scharfkantigsten ist, erklärt sich nicht zuletzt daraus, daß die Polizei im institutionellen Sinn, d. h. der polizeiliche Vollzugsdienst die Trennung von Rechtsprechung und Verwaltung auf der Unterstufe nicht mehr mitgemacht hat. Als man im 19. Jahrhundert in Auswirkung der Lehre *Montesquieu's* daran ging — vielfach unter dem Druck der jungen Parlamente — die bis dahin meist in einer Amtsperson vereinigten Ämter des Richters und

---

[6] Vgl. das Urteil des BGH v. 11. 6. 1952, a. a. O., (Fußnote 4); ferner R. Schiedermair, Einführung in das bayer. Polizeirecht, München und Berlin 1961, S. 93.

[7] O. Bühler, Die subjektiven öffentlichen Rechte, Berlin, Stuttgart, Leipzig 1914, S. 181/182: „Für Preußen würde diese Prüfung" (ob Legalitätsprinzip oder Opportunitätsprinzip) „wohl eher zu einer Bejahung des Legalitätsprinzips führen (‚das Amt der Polizei ist'); für Baden und Bayern käme man wohl zur entgegengesetzten Entscheidung, weil die Ermächtigungsnormen in den Polizeistrafgesetzbüchern dieser beiden Staaten ja nur von einer Befugnis zum Einschreiten sprechen... Wenn die Gesetze so versagen wie hier, dann sind allgemeine Erwägungen am Platz und aus solchen heraus hat sich z. B. Thoma (Polizeibefehl S. 78) für das Legalitätsprinzip ausgesprochen; dagegen hat sich jedoch u. a. Schultzenstein erklärt. Thoma's Ansicht ist der Vorzug zu geben; innere Gründe sprechen unbedingt für sie. Durchschlagend ist eigentlich für sich allein schon der folgende: Wenn die Polizei einen Eingriff nur vornehmen darf, wenn er nötig ist, so ist mit der Bejahung der Zulässigkeit des Eingriffs immer gesagt, daß er vorgenommen werden muß — weil Nötigsein doch nichts anderes bedeutet als eben das."

[8] Vgl. hierzu die Ergebnisse der neuesten rechtshistorischen Forschung bei: Hermann Conrad, Rechtsstaatliche Bestrebungen im Absolutismus Preußens und Österreichs am Ende des 18. Jahrhunderts, Arbeitsgemeinschaft für Forschung des Landes Nordrhein-Westfalen, Heft 95, Köln und Opladen 1961; derselbe, Die geistigen Grundlagen des Allg. Landrechts für die preußischen Staaten von 1794, Arbeitsgemeinschaft für Forschung des Landes Nordrhein-Westfalen, Heft 77, Köln und Opladen 1958; Gerd Kleinheyer, Staat und Bürger im Recht. Die Vorträge des Carl Gottlieb Svarez vor dem preußischen Kronprinzen (1791—92), Bonner Rechtswissenschaftliche Abhandlungen, Bd. 47, Bonn 1959.

Verwaltungsbeamten der Unterstufe (Landvogt, Landrichter) zu verselbständigen, nahm man beim exekutiven Hilfs- und Vollzugsorgan, dem Büttel des Landrichters diese Trennung nicht vor. Der Polizeibeamte wurde zwar organisatorisch der Verwaltung zugeordnet, funktionell gesehen blieb er sowohl Hilfsorgan der Rechtspflege wie auch Hilfs- und Vollzugsorgan der Verwaltung. So kommt es, daß auch heute noch der Polizeibeamte je nach der gerade ausgeübten Funktion teils dem Opportunitäts-, teils dem Legalitätsprinzip unterliegt. Die hieraus sich oft für die Rechtsanwendung ergebenden schwierigen Fragen, die keinesfalls nur Konkurrenzprobleme zwischen Strafprozeßrecht und Polizeirecht sind, erscheinen in rechtsstaatlich befriedigender Weise nur lösbar, wenn man zwischen den einzelnen Aufgaben der verschiedenen hoheitlichen Organe und den zur Erfüllung dieser Aufgaben jeweils gegebenen Befugnissen scharf unterscheidet, eine Unterscheidung, die, wie wir noch sehen werden, gerade im Zusammenhang mit dem Opportunitätsprinzip für den gesamten Verwaltungsbereich von Bedeutung ist.

Überwiegend wird in Lehre, Rechtsprechung und Praxis das Opportunitätsprinzip heute für die Verwaltung im Grundsatz anerkannt. Es besteht jedoch größte Unsicherheit hinsichtlich des Umfangs und der Grenzen dieses Prinzips. Ganz allgemein erklärt man, ohne sich mit einer dogmatischen Grundlegung weitere Mühe zu machen, das Opportunitätsprinzip aus dem besonderen Wesen der Verwaltung. Am treffendsten wird wohl die derzeitige opinio communis durch *von Köhler*[9] wiedergegeben, der im Opportunitätsprinzip einen Kompromiß zwischen Rechtsstaatsidee und staatlicher Wirklichkeit sieht. Ähnlich hat es auch *Tezner*[10] formuliert: „Zuweilen ist die Opportunität eine durch die Verhältnisse, durch den Mangel der wirtschaftlichen Bedingungen für die Verwirklichung des Gesetzes aufgenötigte..." So landläufig sieht man also bei den derzeit immer noch herrschenden Vorstellungen von einer rein normativ auszurichtenden Verwaltung im Opportunitätsprinzip ein leider notwendiges Zugeständnis gegenüber einer noch recht unvollkommenen Verwaltungswirklichkeit.

IV. Opportunitätsprinzip und Ermessen

Von einer solchen Auffassung herkommend werden vielfach dann Opportunitätsprinzip und freies Ermessen der Verwaltung einfach gleichgestellt. So lesen wir bei *Fleiner*[11]: „Hier gewinnt das sogenannte

---
[9] K. H. v. Köhler, Rechtsstaat und Opportunitätsprinzip, DÖV 1956, S. 744 ff. (S. 745).
[10] Tezner, a. a. O., S. 40.
[11] Fleiner, Institutionen des deutschen Verwaltungsrechts, Tübingen 1928, S. 140/141.

Opportunitätsprinzip die Oberhand." (Fleiner geht davon aus, daß in der Verwaltung im Regelfall das Legalitätsprinzip gelte). „Wieviel dieses freie Ermessen im Einzelfall der Einsicht und dem Takt des Verwaltungsbeamten anheimstellt, braucht nur angedeutet zu werden." Eine ähnliche Gleichstellung von Ermessen und Opportunitätsprinzip finden wir in der Entscheidung des Bundesverwaltungsgerichts vom 18. 8. 1960[12]: „Opportunitätsprinzip und Ermessensfreiheit selbst tragen aber — und eben darum haben sie Platz im Rechtsstaat — gewisse Schranken an sich[13]." Eine solche Gleichstellung von Opportunitätsprinzip und Ermessen ist aus einem doppelten Grund falsch: Einmal deckt sich der Opportunitätsbegriff nicht mit dem herkömmlichen Ermessensbegriff, zum andern reicht der Opportunitätsbereich der Verwaltung über den Bereich des Verwaltungsermessens hinaus und umfaßt auch den ursprünglichen Freiheitsbereich der Verwaltung, den Raum völlig frei gestaltender Verwaltung. Dieser Bereich der sogenannten frei gestaltenden Verwaltung liegt aber nicht, wie wir noch sehen werden, völlig außerhalb oder gar jenseits der Rechtsordnung. Auch dieser Bereich der Verwaltung ist endlich, d. h. er ist rechtlich, und zwar mit Rechtsverbindlichkeit festgelegt, selbst wenn es hier keine Ermessensgrenzen mehr gibt.

Wenn wir uns nun zunächst einmal dem Ermessensbegriff zuwenden, werden wir sofort feststellen, daß trotz eines recht ergiebigen Schrifttums zu dieser Frage nach wie vor über Inhalt und Umfang dieses Begriffs Streit herrscht. So war für das Preußische Oberverwaltungsgericht (PrOVG) unbeschränktes, pflichtmäßiges Ermessen nichts anderes als eine weitgehaltene, gesetzliche Vollmacht[14]; und das entsprach völlig der Lehre *Friedrich Franz Mayers*[15], der noch vor dem Ausbau der Verwaltungsgerichtsbarkeit in den deutschen Ländern das Ermessensproblem behandelte und dieses sah als ein Problem der Anwendung weitgefaßter Gesetze. Es ist aber nun nicht alles in das Ermessen gestellt, was unbestimmt ist. Entwicklungsgeschichtlich gesehen wird das Ermessen der Verwaltung schon zum Problem im Zusammenhang mit der Trennung der Gewalten. Auf der Ober- und Mittelstufe wird die Trennung von Justiz und Verwaltung im allgemeinen bereits vor der Verfassunggebung in den deutschen Ländern durchgeführt, auf der Unterstufe vollzieht sie sich meist erst im Anschluß an die Verfassunggebung. Die rechtlich bedeutsame Scheidung von Gesetz-

---

[12] NJW 1961, S. 793; bezüglich weiterer Fundstellen vgl. Fußnote 1.
[13] Dieselbe Gleichstellung von Ermessensspielraum und Opportunitätsprinzip finden wir z. B. auch bei der Besprechung des Urteils des OVG Münster vom 21. 6. 1960 durch Rupp (Zum Anwendungsbereich des verwaltungsrechtlichen Vertrags) in JuS 1961, S. 59 (S. 62).
[14] PrOVG Urteil vom 12. 2. 1880, Bd. 6, S. 295 (S. 293).
[15] Friedrich Franz Mayer, Grundsätze des Verwaltungsrechts, mit besonderer Rücksicht auf gemeinsames deutsches Recht, Tübingen 1862, S. 453 ff.

IV. Opportunitätsprinzip und Ermessen

gebung und Verwaltung beginnt zwar ebenfalls schon im Verwaltungsstaat. Es besteht aber der Sache nach zwischen Reskript, Edikt sowie Verordnung einerseits und Gesetz andererseits noch kein wesentlicher Unterschied. Unbedingt notwendig wird das Verwaltungsgesetz erst im Verfassungsstaat. Einerseits war nur eine von der Verwaltung geschiedene besondere Verfassungs- und Gesetzgebungsgewalt in der Lage, der Verwaltung bindende Regeln zu geben, Verwaltungsrechtssätze zu schaffen, andererseits bedurfte erst die zwar verselbständigte, aber doch mit den anderen Staatsgewalten zu verbindende Staatsfunktion „Verwaltung" der Normbindung, d. h. des verbindlichen Verwaltungsrechtssatzes[16]. Diese Entwicklung führt daher ganz zwangsläufig zu einer ständig fortschreitenden Reglementierung des Verwaltungshandelns. Das aus dieser Situation erwachsende ursprüngliche Problem des Ermessens ist daher die immer stärker werdende Einengung einer bislang fast völlig freien Verwaltung durch die allmähliche normative Fundierung und Durchdringung des Gemeinwesens. Ermessensbereich war, was im Zuge dieser Verrechtlichung der Verwaltung der Verwaltungsinitiative überlassen bleiben sollte und mußte, was allenfalls in seinem Umfang rechtlich begrenzt, aber rechtlich nicht vollkommen erfaßt werden konnte. Mit der dann folgenden Schaffung einer Verwaltungsgerichtsbarkeit verlor man jedoch diese ursprüngliche Problemstellung immer mehr aus dem Auge. Das Ermessensproblem wurde eigentlich nur noch im Zusammenhang mit der gerichtlichen Nachprüfbarkeit der Ermessenshandlung der Verwaltung gesehen. Dabei darf jedoch keinesfalls übersehen werden, daß die Verwaltung nicht zuletzt der Verwaltungsgerichtsbarkeit ihren immer noch recht ansehnlichen Ermessensbereich verdankt. So ist z. B. in der neueren Rechtsprechung des Bundesverwaltungsgerichts durchaus das Bemühen zu erkennen, die noch vorhandene Ermessensfreiheit der Verwaltung nicht mehr als im Einzelfall unbedingt nötig anzutasten[17]. Eine Einengung des Ermessensbereichs der Verwaltung droht heute weniger von seiten der Gerichte als vielmehr durch eine der Verwaltung offensichtlich mißtrauende Gesetzgebung, die in Verkennung ihrer Funktion und in gewisser Weise auch ihrer Leistungsfähigkeit am liebsten jede Verwaltungsmaßnahme selbst treffen möchte.

Wir kennen heute im Bereich des Ermessens ein kognitives Ermessen, das im Grunde nichts anderes ist als extensive Rechtsinterpretation. Davon wird unterschieden ein Handlungsermessen, in dem *Jesch* z. B.

---

[16] F. Mayer, Die Eigenständigkeit des bayer. Verwaltungsrechts... München 1958, S. 21 u. 36, und H. Ehmke, „Ermessen" und „unbestimmter Rechtsbegriff" im Verwaltungsrecht, (Recht und Staat, Heft 230/231), Tübingen 1960, S. 8.
[17] Vgl. hierzu vor allem O. Bachof, Die Rechtsprechung des Bundesverwaltungsgerichts, JZ 1962, S. 701 ff. (S. 702, r. Sp.).

den Prototyp des Verwaltungsermessens sehen will[18]. Man hat sogar versucht, die Ermessensfälle einzuteilen in solche, die mehr zweckmäßigkeitsbezogen und in andere, die vorwiegend gerechtigkeitsbezogen sein sollen. Man glaubte, einen brauchbaren Weg zu finden, wenn man dem sogenannten freien Ermessen ein arbiträres Ermessen gegenüberstellt. So versteht die überkommene Lehre unter Ermessen sehr komplexe Dinge, nicht nur die Freiheit der Wahl zwischen mehreren rechtlich möglichen Handlungen, sondern auch die Freiheit der Wahl der Beurteilung[19]. Die Unbrauchbarkeit dieses herkömmlichen Ermessensbegriffs ist nicht zuletzt bei der Diskussion um den unbestimmten Gesetzesbegriff offenkundig geworden. *Verwaltungsermessen im strengen Wortsinne ist nur das Handlungsermessen.* Das sogenannte Beurteilungsermessen ist nicht mehr Ermessen, sondern gehört, funktionell gesehen, bereits in den Bereich der Rechtsauslegung. Hier geht es nicht mehr in erster Linie um die Freiheit der Verwaltung als handelnder Staatsgewalt, sondern um die post festum erst sich stellende Frage nach der Möglichkeit eines Nachvollzugs der von der Verwaltungsbehörde bereits einmal vorgenommenen Subsumtion durch das Verwaltungsgericht[20].

Soweit man aber, wie immer noch die herrschende Lehre, an dem herkömmlichen unscharfen Ermessensbegriff festhält, ist Opportunität keinesfalls gleichzusetzen mit Ermessen.

Wenn wir im Zusammenhang mit dem Opportunitätsprinzip von Ermessen sprechen, meinen wir das *Handlungsermessen*. Im Sinne des Opportunitätsprinzips der Verwaltung gibt es weder ein Beurteilungsermessen noch ein Tatbestandsermessen. Hinsichtlich der Opportunität einer Verwaltungsmaßnahme gibt es daher auch keine richterliche Entscheidung. Diese Erkenntnis ist nicht etwa neu; sie findet sich bereits in den Motiven zum österreichischen Verwaltungsgerichtsgesetz vom 22. 10. 1875[21], worauf *Tezner* schon 1924 hingewiesen hat[22]. Nur insoweit ist also die Verwaltung gewissermaßen „rechtsextern" im Sinne des Ausschlusses eines rechtlichen Votums, was aber nicht bedeutet, daß die Verwaltung bei ihren Ermessensmaßnahmen im Opportunitätsbereich jeglicher Rechtsschranken entbehrt; denn auch die im Bereich

---

[18] Jesch, AöR 1957, S. 205.
[19] So etwa P. Lerche, „Ermessen" in Staatslexikon Bd. 3, S. 12: „Ermessen (als Rechtsbegriff) ist das rechtlich begründete Vermögen eines Hoheitsträgers bei Ausübung hoheitlicher Befugnisse zwischen mehreren Verhaltensweisen oder zwischen mehreren Beurteilungen eines Tatbestandes nach eigenem Abwägen zu wählen."
[20] Vgl. hierzu O. Bachof, a. a. O., S. 704, r. Sp.
[21] Österr. RGBl. 1876, S. 36.
[22] Tezner, a. a. O., S. 40.

der Opportunität sich vollziehende Ermessensübung handelnder Verwaltung kann nicht rechtsfeindlich, sondern muß im Ergebnis gerechtigkeitsbezogen sein[23].

V. Die frei gestaltende Verwaltung

Nun gibt es aber in der Verwaltung noch einen weiteren Bereich freien Handelns, der nicht mehr Ermessensbereich ist, weil für das behördliche Handeln hier eine normative inhaltliche Festlegung völlig fehlt[24]. Es gibt hier nicht einmal mehr das Mindestmaß an Rechtsbindungen, wie es für das Handlungsermessen der Verwaltung erfordert wird. Dieser Raum frei gestaltender Verwaltung ermöglicht es den Verwaltungsbehörden ebenfalls, allerdings auch hier unter Beachtung von gewissen, wenn auch allgemeinsten Schranken, von denen noch zu handeln ist, frei nach Zweckmäßigkeit Verwaltungsmaßnahmen zu treffen. In der Praxis der Verwaltung ist dieser Raum selbst heute noch ausgedehnter als man unter dem vordergründigen Eindruck einer heute fast voll ausgebauten Verwaltungsrechtslehre zunächst anzunehmen gewillt ist. In diesem Raum bewegen sich die Verwaltungsbehörden, etwa bei so wichtigen Funktionen wie bei der Planung und Anlage von Siedlungen, bei der Errichtung von Denkmälern, beim Ausbau von Parkanlagen, bei der freigestellten Bezuschussung von kulturellen oder wirtschaftlichen Unternehmungen der Bürger und dergleichen mehr. Wenn auch diese Funktionen juristisch zunächst weniger ergiebig erscheinen, so darf nicht vergessen werden, daß sie einen wichtigen Bereich gerade der modernen Verwaltung einnehmen. Und es ist nicht zu übersehen, daß auch und gerade für diese Maßnahmen der Verwaltung, die noch vorwärts des Ermessensraumes liegen, das allgemeine Opportunitätsprinzip der Verwaltung gilt.

Vom Prinzip der Opportunität beherrscht ist demnach der gesamte Raum freier Handlungsmöglichkeit der Verwaltung, wobei es nicht auf das Maß der Freiheit im Einzelfall ankommt, sondern nur darauf, daß für die Verwaltungsbehörden kein normativ begründeter Zwang zu einem bestimmten Handeln besteht. Sehen wir uns das Verwaltungsgeschehen daraufhin an, so erscheint uns als hervorragendes Merkmal der Verwaltung eine abgestufte Freiheit des Handelns. Diese Handlungsfreiheit kennt die verschiedensten Stufen. Und das Wesentliche dieser Handlungsfreiheit ist, daß die Verwaltung nicht lediglich rechtliche Erwägungen anzustellen hat, sondern daß ihr auch ein Raum bleibt, in dem sie sich von reinen Zweckmäßigkeitsüberlegungen leiten

---

[23] So Gneist u. Tezner, Tezner, a. a. O., S. 59.
[24] So Forsthoff, Lehrbuch des Verwaltungsrechts, 1. Bd., 8. Aufl. (1961), S. 75, und O. Bühler, a. a. O., S. 27, Schluß von Fußnote 44.

lassen kann, ja um der Verwaltungszwecke willen sogar leiten lassen soll[25].

Insoweit ist also das Opportunitätsprinzip mit seiner Freiheit des Verwaltungshandelns nach Zweckmäßigkeit der unmittelbarste Ausdruck der Verwaltung und Verwaltungsrecht kennzeichnenden Gemengelage von rechtlicher Ungebundenheit, Ermessen und rechtlicher Bindung.

VI. Grenzen des Opportunitätsprinzips

1. Die rechtlichen Bindungen der Verwaltung

Schon bei der Gegenüberstellung von Opportunitätsprinzip und Legalitätsprinzip war davon die Rede, daß Freiheit und Bindung in der Verwaltung nicht nur kontrastieren, sondern auch verschränkt sind[26]. Sie sind es in doppelter Weise, einmal durch die eben geschilderte Gemengelage, zum anderen durch die für alles Verwaltungshandeln gültigen Schranken. Im Ermessensbereich sind dem Handeln nach Opportunität schon allein deshalb Grenzen gesetzt, weil jedes Handlungsermessen bereits begrifflich diese Grenzen erfordert. Die Freiheit wird ja nur durch das Vorhandensein solcher Grenzen zur Ermessensfreiheit[27]. Aber auch die „souverän frei" gestaltende Verwaltung, die dieser Ermessensgrenzen ermangelt, findet ihre endliche Schranke in der Abgrenzung der Verwaltung als selbständiger Staatsgewalt, d. h. in ihrer Aufgabenstellung. Die gesamte Verwaltung unterliegt daher in ihrem Handeln den verschiedensten rechtlichen Bindungen. Zwar ist der Hauptzweck der Verwaltung nicht die Bewährung der Rechtsordnung, sondern die Erfüllung der der Verwaltung gestellten Aufgaben. Im gewaltenteiligen Rechtsstaat vermag die Verwaltung diese Aufgaben aber nur in steter Orientierung an Recht und Gerechtigkeit zu erfüllen. Recht und Gerechtigkeit bilden daher zwar nicht den Urzweck des Verwaltungshandelns, sie liefern jedoch durch ihre in mannigfaltiger Weise ausgestaltete Bindung der Verwaltung den Maßstab für dieses Handeln.

So unterliegt auch die freieste Verwaltung den *allgemeinen Rechtsprinzipien* wie etwa der Pflichtgebundenheit allen Handelns in der Rechtsgemeinschaft, dem Grundsatz der Billigkeit und Vertretbarkeit

---

[25] Vgl. Rosin, Polizeiverordnungsrecht in Preußen, 2. Aufl. (1895), S. 141. Im Bereich des Opportunitätsprinzips werden dabei vielfach in den Erwägungen der Verwaltungsbehörden Zweckmäßigkeitsgesichtspunkte und rechtliche Gesichtspunkte miteinander aufs engste verknüpft (vgl. G. Mattern, Legalitätsprinzip und Verfolgung von Steuervergehen, Deutsche Steuerzeitung, 1956, S. 92 ff.).
[26] Vgl. oben S. 10.
[27] Vgl. P. Lerche, a. a. O., S. 15.

1. Die rechtlichen Bindungen der Verwaltung

der Entscheidung, dem Übermaßverbot und dem Prinzip der Verhältnismäßigkeit[28].

Der Verwaltung werden ferner ohne Rücksicht auf ihre sonstige Freiheit zur Gestaltung durch die *tragenden Konstitutionsprinzipien* wie auch durch die *elementaren verfassungsrechtlichen Gebote und Verbote* unüberwindbare Schranken gesetzt. So hat selbst die nicht mehr in Ermessensgrenzen sich bewegende Verwaltung *Gleichheitssatz* und *Willkürverbot* zu beachten. Auch sie findet ihr *Maß an der personalen Würde und an der Gewissensfreiheit des Menschen*. Der Grundrechtseingriff kann nie völlig in das Ermessen der Verwaltungsbehörde gestellt werden.

Strikte Bindungen sind der Verwaltung schließlich auferlegt durch die Vielzahl der *Rechtssätze zwingenden Rechts*, wobei zu beachten ist, daß das Recht der Verwaltung heute bereits viel mehr zwingendes Recht enthält als etwa das bürgerliche Recht. Der voll zwingende Rechtssatz, das ius strictum des Verwaltungsrechts, läßt der Verwaltung keine Handlungsfreiheit im Sinne der Opportunität. Er gibt allenfalls durch etwas weitere Formulierungen die Möglichkeit beurteilenden Erwägens, aber keinesfalls die Freiheit zum Handeln nach pflichtmäßigem Ermessen. Die hierbei auftretenden Probleme, vor allem die Fragen nach Ausmaß und Tragweite des Beurteilungsspielraums, sind grundsätzlich nur solche der Interpretation[29].

Eine ähnlich strenge Bindung der Verwaltung wie beim Rechtssatz stricti iuris kann sich aus einer *Selbstbindung der Verwaltung* ergeben.

So kann sich die Verwaltungsbehörde in gewissen Bereichen jedenfalls nach heute bereits überwiegender Meinung durch *verwaltungsrechtlichen Vertrag* selbst binden. Allerdings läßt sich die Zulässigkeit öffentlich-rechtlicher Verträge[30] nicht etwa, wie das OVG Münster in seiner Entscheidung vom 21. 6. 1960[31] ausgeführt hat, aus dem Umstand ableiten, daß für die Verwaltung hinsichtlich des Vertragsgegenstandes das Opportunitätsprinzip gelte. Nach der Auffassung des OVG Münster wäre für alle Verwaltungsbereiche, in denen die Verwaltung

---

[28] So wie es etwa § 2 des Steueranpassungsgesetzes v. 16. 10. 1934, RGBl. I, S. 925, formuliert hat: „(1) Entscheidungen, die die Behörden nach ihrem Ermessen zu treffen haben (Ermessensentscheidungen), müssen sich in den Grenzen halten, die das Gesetz dem Ermessen zieht. (2) Innerhalb dieser Grenzen sind Ermessensentscheidungen nach Billigkeit und Zweckmäßigkeit zu treffen."
[29] Dies wird offensichtlich von denen verkannt, die einen Unterschied zwischen Beurteilungsspielraum und Ermessen leugnen; so etwa Ehmke, „Ermessen" und „Unbestimmter Rechtsbegriff" im Verwaltungsrecht (Recht und Staat, Heft 230/231), Tübingen 1960.
[30] Rupp, Zum Anwendungsbereich des verwaltungsrechtlichen Vertrags, JuS 1961, S. 59 (S. 62).
[31] DÖV 1960, S. 798.

VI. Grenzen des Opportunitätsprinzips

grundsätzlich nach Zweckmaß, nach Opportunität handelt, so z. B. auch im Bauaufsichtsrecht, im Polizei- und Sicherheitsrecht, die Möglichkeit freier vertraglicher Gestaltung eröffnet. Hier wird aber wohl übersehen, daß die Befugniskataloge unserer Verwaltungsgesetze keineswegs schlechthin ermächtigen, nach Ermessen zu handeln, sondern lediglich eine Befugnis zu ganz bestimmten Handlungen, Rechtseingriffen, Erlaubnissen und dergleichen enthalten, wobei sie aber nur das Gebrauchmachen von dieser Ermächtigung in das pflichtmäßige Ermessen der Behörde stellen. Aus der Befugnis eines Verwaltungsgesetzes zum Rechtseingriff ergibt sich daher keinesfalls zwingend die Legitimation der also ermächtigten Behörde zum Vertragsschluß, selbst wenn der Vertrag dasselbe Ergebnis wie der Rechtseingriff zeitigen sollte. Damit soll aber keineswegs die Zulässigkeit des im Einzelfall durchaus möglichen verwaltungsrechtlichen Vertrags subordinationsrechtlichen Charakters überhaupt geleugnet werden. Wenn die Verwaltung auf Grund normativer Ermächtigung oder wenn sie in den Fällen, in denen einem Vertragsschluß zwingendes Recht nicht entgegensteht, zulässigerweise einen Vertrag schließt, wird sie dadurch, ähnlich wie beim strikten Rechtssatz, zu einem bestimmten Handeln verpflichtet (lex contractus).

Eine weitere Selbstbindung der Verwaltung kann schließlich auch im Ermessensbereich aus der durch Verwaltungsvorschriften oder sonstige dienstinterne Anweisungen bestimmten *gleichmäßigen Verwaltungsübung* entstehen. Der Rechtsprechung genügt heute für eine Bindung der Verwaltung bereits die ständige Verwaltungsübung, von der abzuweichen der Gleichheitssatz verbietet[32].

Wesentlich geringere Bindungswirkungen für die Verwaltung zeitigt der nur ermächtigende Rechtssatz, der die Verwaltung nicht zum Handeln zwingt, sondern lediglich zu einem bestimmten Handeln befugt *(Befugnisnorm)*. Hier ist die Verwaltung für den Fall, daß sie sich zum Handeln entschließt, an das Gesetz gebunden. Die Norm beinhaltet aber keinen Zwang zum Handeln. Wie die Befugnisnorm die Behörde einerseits nicht ermächtigt, nach Ermessen zu handeln, z. B. ohne weiteres statt des Rechtseingriffs einen verwaltungsrechtlichen Vertrag mit gleichem Ergebnis zu schließen, so kann andererseits aus der Befugnis der Verwaltung zu einem bestimmten Handeln auch nicht schlechthin auf die Pflicht der Verwaltung zum Handeln im konkreten Fall geschlossen werden.

Eine dieser Befugnisnorm hinsichtlich der Bindung der Verwaltung ähnliche Normkategorie ist die echte *Sollvorschrift*. Wie die Befugnisnorm, so eröffnet auch die Sollvorschrift der Verwaltung den Ermessensbereich, ermöglicht der Verwaltung ein begrenztes Handlungs- und Entschließungsermessen.

---

[32] Urteil v. 16. 5. 1957, BVerwGE, Bd. 5, S. 79 (S. 81).

Eine Bindungswirkung besonderer Art erwächst für die Verwaltung schließlich aus den Rechtssätzen, die die Aufgaben der Verwaltung umschreiben. Es sind dies die Normierungen, die nur eine Verwaltungsaufgabe verbindlich festlegen, ohne daß sie gleichzeitig die Verwaltung zu einem bestimmten Handeln ermächtigen. Nun sind keinesfalls alle Verwaltungsaufgaben in Verfassung und Gesetzen abschließend rechtssatzmäßig umschrieben. Dieser Umstand erschwert bis heute die Umschreibung, Beschreibung und Abgrenzung der Funktion Verwaltung. Aber auch ohne rechtssatzmäßige Festlegung aller Aufgaben der Verwaltung herrscht heute doch im wesentlichen Klarheit, was noch zum Aufgabenkreis der Verwaltung gehört und was nicht. Neben den allgemeinen Umschreibungen der Verwaltung in den Verfassungen des Bundes und der Länder enthalten aber gerade die neueren Verwaltungsgesetze vielfach die rechtssatzmäßige Festlegung von Verwaltungsaufgaben, im folgenden *Aufgabennorm* genannt.

Die Aufgabennorm ist kein zwingender Rechtssatz in dem oben geschilderten Sinn. Die Aufgabennorm schafft für das Handeln der Verwaltung nur eine erste Voraussetzung, aber keine Rechtsgrundlage. Insoweit unterscheidet sie sich sehr wesentlich von den Befugnisnormen. Die Aufgabennorm des Verwaltungsgesetzes steckt nur den Rahmen ab, innerhalb dessen sich eine bestimmte Verwaltung, gestützt auf weitere Rechtsnormen (Befugnisnormen), entfalten kann. Es kann also nicht ohne weiteres, wie dies vor allem im Polizei- und Sicherheitsrecht bis in unsere Tage geschieht, allein aus der Aufgabennorm bereits eine Befugnis zum Rechtseingriff erschlossen werden. Dieser Schluß mag vielleicht in Staat und Verwaltung des 18. Jahrhunderts noch angängig gewesen sein, wo der Regent als caput rei publicae nach der Regel handelte jus ad finem dat jus ad media[33]. Der gemeinrechtlichen Literatur schien ein solcher Schluß wohl gerechtfertigt aus Dig. II 1 § 2: „Cui iurisdictio data est, ea quoque concessa videntur, sine quibus iurisdictio explicari non potuit." Da iurisdictio nach dem damaligen Sprachgebrauch gleichbedeutend ist mit Landeshoheit, wurde also der Träger der Landeshoheit mit der Stellung der Aufgabe, Landeshoheit wahrzunehmen, gleichzeitig auch als befugt, als ermächtigt angesehen, alle die Mittel (Maßnahmen) zu ergreifen, ohne die eine Landeshoheit nicht ausgeübt werden kann.

Seit der Entstehung des gewaltenteiligen Verfassungsstaates rechtsstaatlicher Prägung ist aber ein solcher Schluß von den Staats- oder Verwaltungsaufgaben auf die Befugnis etwa zu rechtseingreifenden Maßnahmen nicht mehr möglich. Entwicklungsgeschichtlich wie auch

---

[33] Vgl. hierzu Kreittmayr, Grundriß des Allgemeinen, Deutschen und Bayerischen Staatsrechts, München im Verlag bey Joseph Lentner, Buchhändler nächst dem schönen Thurme, 1789 (2. Aufl.), S. 15.

rechtslogisch gesehen erscheint es heute unzulässig, vor- oder nachkonstitutionelle Rechtssätze, die lediglich eine Staats- oder Verwaltungsaufgabe umschreiben, in Ermächtigungsnormen für bestimmte Staats- oder Verwaltungsorgane umzudeuten[34]. Die rechtssystematische Trennung von Aufgabe und Befugnis im Bereich der Verwaltung und Polizei wurde bereits vor 1933 von Th. *Maunz* mit folgender Begründung gefordert[35]: „Aufgaben und Befugnisse der Polizei bemessen sich nicht nur negativ, sondern auch positiv aus dem Gesetz. Ein wissenschaftlicher Begriff, wie der der Polizei kann nicht selbst eine Rechtsgrundlage für bestimmte Befugnisse von Trägern öffentlicher Verwaltung und ebensowenig eine Rechtsquelle für polizeiliche Rechtsnormen darstellen. Man kann daher auch nicht aus dem Begriff der öffentlichen Sache, oder aus dem Begriff der Polizei der öffentlichen Sache ableiten, daß die Träger öffentlicher Sachen als solche gewisse Befugnisse hätten, für die keine andere Rechtsgrundlage aufgewiesen werden könnte, als der Begriff. ... Es wird auch verwechselt, daß die Polizei an sich keine Summe von Befugnissen sei, sondern eine Tätigkeit, für die die einzelnen notwendigen ‚Befugnisse' aus einer Rechtsnorm hergeleitet werden müssen. Daß die Abwehr von Störungen der guten Ordnung des Gemeinwesens begriffsmäßig Polizei sei, und daß hierzu auch die Erhaltung der Unversehrtheit und Benützbarkeit der öffentlichen Sachen gehöre, ist unbehelflich für den Nachweis, ob ein besonderes Bündel von Befugnissen zum Schutze der öffentlichen Sache bestehe; denn aus dem Begriff der Polizei kann, wie mehrfach betont, ein solches Bündel von Befugnissen nicht hergeholt werden."

Was hier Th. *Maunz* für den Schluß von der Aufgabe der Polizei der öffentlichen Sache auf die polizeiliche Befugnis ausführt, gilt in seiner Grundsätzlichkeit schlechthin für den Schluß von der Verwaltungsaufgabe auf die Befugnis der Verwaltung zum rechtsverbindlichen Handeln. Die Bindungswirkung der Aufgabennorm im Verwaltungsgesetz besteht für die handelnde Verwaltung also nicht in einem Festgelegtwerden auf eine Ermächtigung, auf eine Befugnis, sondern vielmehr in der Festlegung der Verwaltung auf einen bestimmten Handlungsbereich. Insoweit ist aber gerade die Aufgabennorm eine sehr wesentliche Normkategorie des Verwaltungsrechts; denn mit dieser verbindlichen Abgrenzung des Handlungsbereichs für die Verwaltungsbehörden setzt die Aufgabennorm letzte Schranken selbst für die vorwärts des Ermes-

---

[34] Vgl. hierzu auch die Entscheidung des BayVGH vom 15. 3. 1951 in VGH n. F., Bd. 4, I, S. 19 ff., wo festgestellt ist, daß ein Schluß von der Aufgabe auf die Befugnis, vom Zweck auf die Mittel mit rechtsstaatlichen Grundsätzen nicht vereinbar ist. Ein solcher Schluß war eben nur gerechtfertigt beim Vorliegen einer ungeteilten, omnipotenten Staatsgewalt.

[35] Vgl. Th. Maunz, Hauptprobleme des öffentlichen Sachenrechts, München, Berlin und Leipzig 1933, S. 287/288.

sensraumes liegende frei gestaltende Verwaltung. Auch in dem Bereich der Verwaltung also, in dem eine Bindung an Befugnisse und Ermessensgrenzen fehlt, enthält die Aufgabennorm eine letzte und entscheidende rechtliche Bindung der Verwaltung. So kann sich eben das Gewerbeaufsichtsamt nicht mit Förderungsmaßnahmen für die Tierzucht beschäftigen, auch wenn es hierfür keiner besonderen Rechtsgrundlagen bedarf, weil das nicht die Verwaltungsaufgabe dieser Behörde ist. Und der städtische Polizeibeamte kann vom Oberbürgermeister nicht zum Einkassieren der Rechnungen der Stadtwerke eingesetzt werden, nicht weil es für einen solchen Einsatz an Rechtsgrundlagen im Polizeirecht fehlt, sondern weil es sich hier nicht um eine Aufgabe der Polizei handelt.

2. Opportunitätsprinzip und Normvollzug

Die rechtlichen Bindungen der Verwaltung sind, wie wir gesehen haben, überwiegend festgelegt im Verwaltungsrecht. Im Vollzug der Rechtsvorschriften des Verwaltungsrechts wird diese Bindung der Verwaltung aktuell. Damit sind wir bei der für unsere weitere Überlegung entscheidenden Frage angelangt, wie verhält sich nun dieser Normvollzug zum Opportunitätsprinzip. Der Gegenüberstellung von Legalitätsprinzip und Opportunitätsprinzip entspricht etwa, funktionell gesehen, die Relation zwischen dem Vollzug strikten Rechts und der Erfüllung von Aufgaben unter Beachtung der Rechtsordnung. Beim Vollzug strikten Rechts erschöpft sich das Handeln der Verwaltung im wesentlichen in der Rechtsanwendung. Bei der Erfüllung von Aufgaben wird zwar auch je nach der gegebenen Normbindung Recht angewendet; hier bildet ebenfalls die Rechtsordnung den Maßstab für das Verwaltungshandeln. Von der Funktion der Verwaltung als Erfüllung von Aufgaben her gesehen stellt sich uns diese Rechtsanwendung aber nur noch dar als die rechtliche Begrenzung der Handlungs- und Gestaltungsfreiheit der Verwaltung. Beide Bereiche sind also dem Normativen eröffnet, nur jeweils in völlig verschiedener Weise, Funktion und Intensität. Damit kehren wir zu dem bereits oben[36] im Zusammenhang mit der Ermessensproblematik aufgetauchten Gedanken zurück, daß ein besonders kennzeichnendes Merkmal der Verwaltung die hier gegebene Gemengelage von Gestaltungsfreiheit, Ermessen und rechtlicher Bindung ist. Eine von der Rechtsordnung zugestandene abgestufte Freiheit, eng verwoben mit einer ebenso abgestuften Normbindung, machen das Eigentümliche der Verwaltung aus, das gerade bei einem Inbeziehungsetzen von Opportunitätsprinzip und Normvollzug so anschaulich wird.

---

[36] Vgl. S. 18.

Diese Gemengelage von Freiheit und Bindung macht aber nicht nur das Wesen der Verwaltung aus; auf sie sind auch die Normzwecke des Verwaltungsrechts zugeschnitten. Das Verwaltungsrecht ist schließlich der Verwaltung um ihrer Funktion willen, zum Zwecke der Erfüllung ihrer Verwaltungsaufgaben vorgegeben. So ist das Verwaltungsrecht nicht schuldbezogen wie das Strafrecht. Es geht hier nicht um die Feststellung, ob eine Straftat zu ahnden ist oder nicht. Es geht auch nicht wie im Zivilrecht um die Begründung und Feststellung von Ansprüchen. Das Verwaltungsrecht ist, von seinem Normzweck her gesehen, erfolgsbezogen, aufgabenbezogen. Die Verwaltungsbehörde als Sicherheitsbehörde kann gegebenenfalls auch gegen den Schuldlosen, ja den völlig Unbeteiligten vorgehen, wenn ihre Aufgabe Aufrechterhaltung der öffentlichen Sicherheit und Ordnung auf andere Weise nicht zweckentsprechend zu lösen ist; es geht hier also in erster Linie um den Erfolg. Entscheidend für die Verwaltung, und darauf ist auch der auf sie zugeschnittene Verwaltungsrechtssatz abgestellt, ist daher die Erfüllung der Aufgaben, die der Verwaltung aufgegeben sind.

Rechtsanwendung, die wir uns üblicherweise nur als Normvollzug vorstellen, und Handeln nach Zweckmäßigkeit erscheinen uns prima facie unlösbar gegensätzlich. Diese Gegensätzlichkeit aber verliert ihre Schärfe, löst sich dadurch, daß im Rechtsstaat die Zweckerreichung, die Aufgabenerfüllung der Verwaltung immer lediglich im Rahmen der Rechtsordnung und in jedem Falle nur ohne Verletzung der Rechtsordnung gestattet ist. Und gerade um der notwendigen Aufgabenerfüllung einerseits und um des Rechtsstaates willen andererseits gibt es in der Verwaltung die zunächst so merkwürdig erscheinende Verschränkung von normativer Gebundenheit und abgestufter Freiheit. Die Erfüllung von Verwaltungsaufgaben ist, da zwangsläufig auf Zukünftiges ausgerichtet und damit von Natur aus dynamisch, mit einer Rechtsordnung nie vollkommen erfaßbar. Soweit man nicht bei Vorliegen eines bestimmten Sachverhaltes ipso iure eine bestimmte Reaktion der Verwaltung zur Pflicht machen will und kann, bleibt eigentlich, um die Aufgabenerfüllung rechtlich überhaupt in den Griff zu bekommen, nur die rechtlich verbindliche Aufgabenzuteilung, verbunden mit einem mehr oder weniger breiten Fächer von Erfüllungsmöglichkeiten, d. h. Handlungsmöglichkeiten für die Verwaltung. Die Aufgabenzuteilung erfolgt dabei normalerweise in Form der rechtlich verbindlichen Aufgabenumschreibung.

Bei einem Rechtssatz, dessen Zweck sich in der verbindlichen Aufgabenumschreibung erschöpft, und den wir als *Aufgabennorm* bezeichnet haben, gibt es zwar keinen Rechtsvollzug dergestalt, wie wir ihn etwa beim ius strictum des Verwaltungsrechts kennen. Aber auch die Aufgabennorm erheischt im Verfahren der Verwaltung eine rechtliche

Anwendung. Es muß nämlich immer an Hand der Aufgabennorm zumindest geprüft werden, ob die Verwaltung, mag sie noch so frei handeln können, in ihrem Rahmen, in dem ihr zukommenden Aufgabenbereich tätig wird. Für die Verwaltung ist nicht etwa nur wesentlich, ob sie eine Befugnis zum Handeln besitzt. Trotz der Befugnis zum Handeln ist die Verwaltungsmaßnahme fehlerhaft, wenn sie außerhalb des Aufgabenbereichs der handelnden Verwaltung getroffen wird. Die Prüfung, ob noch im Rahmen des zukommenden Aufgabenbereichs gehandelt wird, ist selbst in den Fällen notwendig, bei denen die Verwaltung, weil es sich nicht um einen Rechtseingriff handelt, gar keiner besonderen Befugnis bedarf. Somit erhält alles Handeln der Verwaltung, selbst wenn es sich nicht um streng normgebundene Verwaltung handelt, letztendlich seine rechtliche Bestätigung an der Verwaltungsaufgabe. Auch im Bereich des Opportunitätsprinzips hat die handelnde Verwaltung ihr Vorgehen mindestens an der Aufgabennorm zu messen; sie muß also immer in irgendeiner Form Recht anwenden. Wir erleben dies etwa sehr deutlich tagtäglich in der polizeilichen Praxis. Es gibt z. B. eine Reihe polizeilicher Maßnahmen für die die Polizei keiner Befugnisnorm bedarf, die auch nach Gegenstand und Inhalt nirgends rechtssatzmäßig festgelegt sind, so etwa schlichte Warnungen, Belehrungen und dergleichen. Trotz aller Freiheit des Handelns hat aber der Polizeibeamte in jedem Falle zu prüfen, ob eine solche Maßnahme noch innerhalb seines polizeilichen Aufgabenbereiches liegt. So stellt die Aufgabennorm die äußerste verbindliche Schranke freien Verwaltungshandelns und die immer gegebene rechtliche Verknüpfung von Opportunitätsprinzip und Rechtsordnung dar. Auch die noch so freie Verwaltung, selbst wenn sie in ihren Maßnahmen normativ überhaupt nicht mehr gebunden ist, wird wenigstens in dieser Form Recht anwenden müssen; sie wird prüfen müssen, ob sie mit ihrem Handeln noch innerhalb ihrer Zwecke, ihrer rechtlich zugewiesenen Aufgaben bleibt.

3. Opportunitätsprinzip und Verwaltungsaufgabe

Von dieser Erkenntnis ausgehend wollen wir uns nun dem Verhältnis von Opportunitätsprinzip und Verwaltungsaufgabe zuwenden.

Aus dem bisher Vorgetragenen ergibt sich, daß weder der Bestand noch der Umfang des Handelns der Verwaltung nach Zweckmaß, nach Opportunität sich vom Ermessen her bestimmen lassen. Ermessen und Opportunitätsprinzip sind nicht deckungsgleich, nicht kongruent. Wir können daher auch nicht für unsere weitere Betrachtung lediglich von der Befugnisnorm, d. h. von der Befugnis der Verwaltung zum Handeln ausgehen. Der Befugnis zum Handeln ist das Ermessen inhärent. Jede Befugnisnorm ist Ermessensnorm von Natur aus, ob nun der Normtatbestand auf das Ermessen ausdrücklich Bezug nimmt oder nicht. Die Weisung des Gesetzes im Einzelfall, nach pflichtmäßigem Ermessen zu handeln, stellt für sich genommen, weder eine selbständige Rechtsgrundlage zum Handeln, noch eine Freistellung von dem Grundsatz der Gesetzmäßigkeit allen Verwaltungshandelns dar. Solche Anweisungen des Gesetzgebers sind ihrem Inhalt nach reine Verfahrens- d. h. Verhaltensregeln für die damit angesprochenen staatlichen Organe und, rechtlich gesehen, neutral und farblos. Konkreten rechtlichen Gehalt bekommt dieser Begriff des Handelns nach pflichtmäßigem Ermessen erst im Zusammenhang mit einer materiellrechtlichen Norm, die in ihrer Ausführung ein Ermessen überhaupt zuläßt. Die Handhabung der Befugnis durch die Verwaltungsbehörde wird von der Aufgabe, von den Notwendigkeiten der Verwaltung bestimmt. Von der Befugnis selbst darf aber immer nur im Rahmen pflichtmäßigen Ermessens Gebrauch gemacht werden, gleich ob im Gesetz eine derartige Anweisung ausdrücklich enthalten ist oder nicht. Jeder Befugnis des Gesetzes wohnt naturgemäß ein Abwägen nach Ermessen inne, das allerdings adäquat der Rechtsordnung im Dienst der Gerechtigkeit pflichtgemäß zu handhaben ist. Das Handeln nach pflichtmäßigem Ermessen ist somit jeder Befugnis des materiellen Rechts zwangsläufig vorgegeben. Ob und wie die Verwaltungsbehörde aber von der ihr durch die Befugnis zugestandenen oder sonstwie zukommenden Freiheit Gebrauch machen will und kann, bestimmt sich letztlich aus dem konkreten zur Entscheidung stehenden Fall jeweils gemessen an der Verwaltungsaufgabe. Soweit die Verwaltung überhaupt eine Freiheit des Handelns besitzt, wird also ihr Tätigwerden primär bestimmt von der Verwaltungsaufgabe und, soweit diese Handlungsfreiheit sich als Handlungsermessen ausweist, sekundär erst begrenzt durch die dieses Ermessen tragenden Verwaltungsbefugnisse. Insofern ist also das Gesetz in Gestalt der Aufgabennorm die letzte, entscheidende Schranke der Verwaltung. Und diese Schranke ist aber nicht etwa identisch mit den Grenzen des Ermessens; sie gilt auch dort, wo die Verwaltung nicht einmal mehr Ermessensgrenzen zu beachten hat. Die Verwaltungsaufgabe setzt also unbeschadet vorhandener oder nicht vorhandener Ermessensgrenzen der Verwaltung letzte Schranken für die Freiheit des Handelns. Daß die Verwaltung auf einen bestimmten Raum begrenzt sein soll, ergibt sich, wie das Prinzip der Gesetzmäßigkeit der Verwaltung, letztlich aus dem Gewaltenteilungsprinzip (vgl. Art. 20 GG). Diese Schrankensetzung durch die Verwaltungsaufgabe, diese immer gegebene Verknüpfung handelnder Verwaltung mit der Rechtsordnung liegt letztlich im Grundkonzept des gewaltenteiligen Rechtsstaates.

Unbeschadet allenfallsiger Ermessensgrenzen ergibt sich also für das Handeln der Verwaltung nach Opportunität (Opportunitätsprinzip)

3. Opportunitätsprinzip und Verwaltungsaufgabe

eine letzte Grenzsituation aus der spezifischen Verwaltungsaufgabe, aus der Aufgabenmäßigkeit, aus der Zweckmäßigkeit allen Verwaltungshandelns selbst. So hat das Handeln der Verwaltung auch im Bereich des Opportunitätsprinzips, das Handeln nach Zweckmaß eben doch auch ein Maß, das begrifflich jedenfalls in der uns beschäftigenden Problemstellung nicht vom Begriff der Grenze getrennt werden kann[37]. Das Hinaushandeln der Verwaltung über diese Grenze, über das Zweckmaß, widerspricht der Rechtsordnung auch dort, wo die Verwaltung keiner besonderen Befugnis bedarf, macht die Verwaltungsmaßnahme rechtswidrig. Die Vorstellung, daß das Nichtbeachten des Zweckmaßes, die Zweckmäßigkeitsverletzung durch die Verwaltung einen Rechtsfehler darstellt, finden wir übrigens auch in der französischen und angelsächsischen Doktrin. Sie liegt letztlich sowohl dem „détournement de pouvoir" des französischen Verwaltungsrechts[38] wie auch der Ultra-vires-Lehre des angelsächsischen Rechtskreises zugrunde. Die Aufgabenbezogenheit aller Verwaltungstätigkeit ist also die letztlich immer wirksame Verknüpfung des Verwaltungshandelns mit der Rechtsordnung.

Wir finden die rechtsverbindliche Umschreibung der Verwaltungsaufgaben heute in Verfassung und Gesetzen, manchmal recht versteckt in Zuständigkeitsnormen, verschiedentlich sogar nur in Verwaltungsvorschriften. Dieser Aufgabenumschreibung wird leider bis heute in Verwaltungsrecht und Verwaltungslehre nicht die gebührende Aufmerksamkeit geschenkt. Befugnisnorm, Aufgabennorm und Zuständigkeitsnorm werden derzeit immer noch nicht hinreichend unterschieden, ja vielfach synonym gebraucht. Schon die Auseinandersetzung um die Geltung von Legalitätsprinzip oder Opportunitätsprinzip im Bereich des Polizeirechts, geführt von *Thoma* und *Bühler* einerseits und von *Schultzenstein* und *Schoen* andererseits[39], hat im Ergebnis zu einer solchen, die verschiedenen Normkategorien trennenden Betrachtung geführt[40]. Konsequenzen sind daraus, wenn ich von einigen neu-

---

[37] Eine ähnlich synonyme Verwendung der Begriffe Maß und Grenze auch bei Gneist, Der Rechtsstaat, S. 47, 272, Ehmke, a. a. O., S. 43, Fußnote 30; ferner Scheuner, Der Bereich der Regierung, Festschrift für Smend, Göttingen 1952, S. 267: „Die spezifischen Zielsetzungen jedes Verwaltungszweiges geben auch Richtlinien für die Erkenntnis der Gebundenheit des Verwaltungsermessens in seinem Bereich" und S. 278: „Sie (die Verwaltung) ist im Rechtsstaat gebunden an den gesetzlichen Auftrag und die in ihm gegebenen rechtlichen Richtlinien, daher ist ihre Entscheidungsfreiheit stets letztlich im Recht gebunden, durch seine Maßstäbe bestimmt und begrenzt."
[38] Vgl. Hauriou, Précis de Droit Administratif, Paris 1921 (10. Aufl.), S. 455.
[39] Bühler, a. a. O., S. 181/182, Thoma, Der Polizeibefehl, Tübingen 1906, S. 78, Schultzenstein, Verwaltungsarchiv, Bd. 15, S. 303, und Schoen, Verwaltungsarchiv, Bd. 27, S. 128 ff.
[40] Vgl. Schoen, a. a. O., S. 129/130, der bereits sehr scharf trennt zwischen Verpflichtung, Zuständigkeit und Aufgabe einerseits sowie Ermächtigung und Befugnis andererseits.

eren Polizeigesetzen absehe[41], bisher nicht gezogen worden. In dieselbe Richtung etwa zielt die Feststellung *Bachofs*[42], daß die Hauptmängel unserer Ermessenslehre in der nicht genügenden Unterscheidung der Ermessensfehler nach ihrem *ursprünglichen Zweck* liegen. Die Verwaltungszwecke, die Verwaltungsaufgaben bestimmen m. E. entscheidend jede Systematik in Verwaltungsrecht und Verwaltungslehre. Eine umfassende systematische Ordnung und Behandlung der Verwaltungsaufgaben stehen noch aus. Es ist dies die Arbeit, die wohl am Anfang einer modernen Verwaltungslehre zu stehen hätte[43]. Man soll hier nicht einwenden, eine wissenschaftlich-systematische Erfassung der Verwaltungsaufgaben sei aus den verschiedensten Gründen, nicht zuletzt wegen ihrer großen Variabilität kaum möglich, man käme hier wohl kaum über deskriptive Erörterungen hinaus. Dieser Einwand ist nicht zutreffend. Es ist wohl richtig, daß die Verwaltungsaufgaben zwar ihrem Umfang nach variabel sind. Die Strukturelemente der Verwaltungsaufgabe, abstrakt gesehen, und die Verwaltungszwecke blieben jedoch zumindest in den letzten 150 Jahren bemerkenswert konstant. So hat sich die Aufgabe der Verwaltung als Garant der öffentlichen Sicherheit und Ordnung, die Aufgabe der Polizei seit Jahrhunderten eigentlich nicht verändert; Änderungen sind nur bei den einzelnen polizeilichen Befugnissen entsprechend der jeweiligen Staatsauffassung zu verzeichnen. Die vom Gemeinwesen zu lösenden Aufgaben haben sich in ihrem Kernbestand jedenfalls in den letzten 100 Jahren weniger geändert als die jeweils für die Lösung dieser Aufgaben gebrauchten Mittel. Dies erklärt sich nicht zuletzt daraus, daß die Aufgabenstellung der Verwaltung entscheidend von der Natur des Menschen bestimmt wird, während die zur Verfügung stehenden oder jedenfalls gebrauchten Verwaltungsmittel in hohem Maße auch noch von anderen Komponenten abhängig sind. Neuere Polizeigesetze haben daher ganz mit Recht zwischen der Verwaltungsaufgabe und den für die Erfüllung dieser Aufgabe vorgesehenen Mitteln, d. h. den hierfür von der Rechtsordnung zugestandenen Befugnissen systematisch getrennt. Schon oft wurden gerade im Polizeirecht allgemeine Grundsätze entwickelt und Ansätze gefunden, die dann später für das gesamte Verwaltungsrecht von Bedeutung geworden sind. Es wäre zu wünschen, daß die Anfänge einer rechtlich exakten Aufgabenumschreibung und die scharfe Trennung zwischen Aufgabe und Befugnis, wie sie sich in neueren Polizeigesetzen finden, Schule im gesamten Verwaltungsrecht

---

[41] Vgl. etwa Art. 2 des bayer. Polizeiaufgabengesetzes oder Art. 5 Abs. 1 des bayer. Ausführungsgesetzes zur Strafprozeßordnung.

[42] O. Bachof, Begriff und Wesen des sozialen Rechtsstaats, VVDStRL., Heft 12, S. 68 ff.

[43] Vgl. dazu E. Becker, Stand und Aufgaben der Verwaltungswissenschaft, in Festschrift für Giese, Frankfurt 1953, S. 9 ff. (S. 36, 37).

machen würden. Allerdings erfordert dies eine sehr eingehende Befassung mit den verschiedenen Verwaltungszwecken und ihrem materiellen Recht, einschließlich der sogenannten „rechtsexternen", oder wohl besser gesagt, der für den Rechtsdogmatiker zunächst unergiebiger erscheinenden Bereiche. Nicht zuletzt bedeutete das auch eine wissenschaftlich intensivere Auseinandersetzung mit dem besonderen Teil des Verwaltungsrechts. Es wäre dies also ein Weg, der hineinführen würde in das vielen doch recht wenig ergiebig erscheinende „administrative Dunkel"[44]. Wenn wir diesen Weg scheuen, setzen wir uns nicht nur selbst jetzt schon sichtbare Grenzen für die weitere wissenschaftliche Entfaltung und verlieren immer mehr den Anschluß an die zum Teil beachtliche verwaltungswissenschaftliche Entwicklung des Auslandes. Das bedauerliche Ergebnis wäre nicht zuletzt die Konkurrenzunfähigkeit des deutschen Juristen bei der Besetzung der Positionen in den großen zwischenstaatlichen Verwaltungsorganisationen.

4. Opportunitätsprinzip und Verwaltungsverfahren

Wenn bislang vom Opportunitätsprinzip meist im Zusammenhang mit dem Vollzug materiellen Rechts die Rede war und die verschiedenen Beispiele nur aus diesem Bereich genommen worden sind, so darf daraus doch keinesfalls geschlossen werden, daß die Opportunität des Handelns der Verwaltung nur für bestimmte Bereiche des materiellen Verwaltungsrechts von Bedeutung sei. Das Opportunitätsprinzip ist nicht etwa lediglich eine Zugabe oder eine Maxime des Verwaltungshandelns für den Vollzug materiellen Rechts. Der Erfüllung von Verwaltungsaufgaben dient ja nicht nur der auch in der Verwaltung notwendige Rechtsvollzug, sondern der gesamte Verwaltungsablauf. Das Opportunitätsprinzip gilt dementsprechend für das gesamte Verwaltungsgeschehen. Es umfaßt daher auch das Verfahren der Verwaltung. Ja gerade im Bereich des Verfahrens sind bislang die Handlungs- und Gestaltungsfreiheit der Verwaltung besonders ausgeprägt und andererseits hier auch besonders wichtig. Durchgängig ist die Verwaltungsbehörde Herr des Verfahrens und tunlichst frei im Prozedieren, allenfalls an eine Antragstellung und sonst im allgemeinen lediglich an einige wenige förmliche Verfahrenspositionen gebunden. Das muß auch so sein, um der Verwaltung die Möglichkeit zu geben, alle Gestaltungsmöglichkeiten auszuschöpfen. Bei großen Verwaltungsprojekten ist vielfach sogar die Konzeption des richtigen Verfahrens die entscheidende Verwaltungsleistung. Es gilt die für das Vorhaben erforderlichen Teilverfahren, z. B. das baurechtliche, das wasserrechtliche, das gewerberechtliche, das sicherheitsrechtliche Verfahren so zu

---

[44] Vgl. etwa G. Wacke in DVBl. 1959, S. 13 ff. (S. 14, r. Sp.).

koordinieren, daß ohne Leerlauf die richtige Konzentration des Verwaltungsablaufs im Hinblick auf die zu lösende Verwaltungsaufgabe erreicht wird. So verträgt gerade das Verwaltungsverfahren keine zu starren normativen Bindungen, wenn nicht die Zweckmäßigkeit, d. h. die Aufgabenmäßigkeit des Verfahrens Schaden leiden soll. Aus diesem Grunde wäre es daher auch vollkommen verfehlt, wenn uns die Kodifikationsvorhaben für das Verwaltungsverfahren nur eine weitere Prozeßordnung bescheren würden[45]. Das gerichtliche Verfahren zur Feststellung, ob etwas rechtens ist oder nicht, hat grundsätzlich nichts mit dem auf Regelungen für die Zukunft, auf eine Gestaltung abzielenden Verwaltungsverfahren zu tun. Diese nun einmal gegebene Diskrepanz kann auch nicht mit dem Hinweis in Abrede gestellt werden, daß sich doch vielfach, wie z. B. im angelsächsischen Bereich oder in Österreich, das Verwaltungsverfahren nach dem Vorbild des gerichtlichen Verfahrens entwickelt hat. Gerade im Hinblick auf das Opportunitätsprinzip der Verwaltung muß wohl festgestellt werden, daß etwa das österreichische Verwaltungsverfahrensgesetz viel zu sehr als Prozeßordnung gestaltet ist. Gerade der meist gestaltende Akt der Verwaltung setzt die Möglichkeit des Verfahrens nach Zweckmaß voraus. Dementsprechend erstreckt sich die Freiheit der Verwaltung im Sinne des Opportunitätsprinzips auf das gesamte, die Erfüllung von Verwaltungsaufgaben bezweckende Verwaltungsgeschehen; dazu gehören aber nicht nur die abschließenden Entscheidungen der Verwaltung, sondern alle die vielschichtigen Erwägungen, Überlegungen, Erörterungen und Verfahrensmaßnahmen, die dann zur Verwaltungsentscheidung führen.

5. *Opportunitätsprinzip und subjektiv-öffentliches Recht*

Zur weiteren Abgrenzung des Opportunitätsprinzips bleibt schließlich noch die Frage zu behandeln, inwieweit der Bereich der Opportunität durch Rechtsansprüche Dritter auf ein bestimmtes Handeln der Verwaltung eingeschränkt werden kann, d. h. die Frage nach dem Verhältnis von Opportunitätsprinzip und subjektiv-öffentlichem Recht.

Eine Einschränkung des Opportunitätsprinzips durch subjektiv-öffentliche Rechte ist in dem Raum der Verwaltung nicht vorstellbar, für den eine inhaltliche, rechtssatzmäßige Festlegung des Verwaltungshandelns überhaupt fehlt. Ist in einem Verwaltungsbereich, abgesehen von der rechtlichen Festlegung, daß eine näher bezeichnete hoheitliche Maßnahme zum Aufgabenkreis einer bestimmten Behörde gehört, weiter nichts normiert, kann es auch keine Rechtsansprüche Dritter auf die Vor-

---

[45] Dazu Franz Mayer, Verfahrensgrundsätze der Verwaltung, BayVBl. 1960, S, 332 ff. und Haueisen, Verwaltungsverfahren und verwaltungsgerichtliches Verfahren, DVBl. 1962, S. 881 ff.

5. Opportunitätsprinzip und subjektiv-öffentliches Recht

nahme dieser Maßnahme geben. So gibt es keine Rechtsansprüche Dritter auf Errichtung von Denkmälern oder öffentlichen Brunnen, auf die Anlage von Parks und dergleichen. Anders verhält es sich aber wohl mit dem ebenfalls noch dem Opportunitätsprinzip unterliegenden Bereich der Verwaltung, in dem die Freiheit der Verwaltung nur eine Ermessensfreiheit ist, wo es also für die handelnde Verwaltung Ermessensgrenzen gibt. Im Bereich des Handlungsermessens sind durchaus Rechtsansprüche Dritter auf eine bestimmte Ermessenshandlung vorstellbar, die im Ergebnis zu einer die Handlungsfreiheit der Verwaltung im konkreten Fall aufhebenden rechtlichen Verpflichtung der Behörde führen und sie zu einem bestimmten Handeln verpflichten. So enthält z. B. die Gewerbeordnung eine Reihe von Befugnissen für die Verwaltungsbehörde zur Erteilung von Erlaubnissen, auf deren Erteilung bei Vorliegen bestimmter Voraussetzungen der einzelne einen Rechtsanspruch hat, so in all den Fällen, wo das Gesetz etwa formuliert, die Erlaubnis darf nur versagt werden, wenn... Soweit sich jedoch subjektiv-öffentliche Rechte auf ein bestimmtes Handeln der Verwaltung nicht unmittelbar aus der Rechtsordnung ergeben, wurden bisher allgemein solche Rechtsansprüche verneint. Man begründet dies herkömmlicherweise damit, daß es im Bereich der Verwaltung um die Erfüllung öffentlicher Aufgaben gehe und hier vornehmlich Angelegenheiten des öffentlichen Interesses in Frage stünden. In diesem Bereich sei daher im Zweifel nicht anzunehmen, daß dem einzelnen von der Rechtsordnung um seines eigenen Interesses willen Macht verliehen werden sollte. Bei Fällen des Handlungsermessens wurde bislang von der herrschenden Meinung dem einzelnen unter bestimmten Voraussetzungen allenfalls ein formaler Rechtsanspruch gegenüber der Behörde auf Ausübung des pflichtmäßigen Ermessens zuerkannt, d. h. auf fehlerfreie *Ausübung* des Ermessens, auf die Vermeidung innerer und äußerer Ermessensfehler, auf Einhaltung einer einheitlichen Ermessenspraxis. Subjektiv-öffentliches Recht und Handlungsermessen der Verwaltung erscheinen uns zunächst allerdings antinomisch zu sein; denn das subjektiv-öffentliche Recht, der Rechtsanspruch überhaupt, setzt doch wohl einen bindenden, zwingenden Rechtssatz voraus. Wie wir aber bereits oben (VI, 1) gesehen haben, ergeben sich auch aus der Befugnisnorm Bindungswirkungen für die Verwaltung. Der Freiheitsraum der zu einem bestimmten Handeln nach pflichtmäßigem Ermessen befugten Verwaltung hat, abgesehen von den allgemeinen durch die Verwaltungsaufgabe bereits gezogenen Schranken, noch Ermessensgrenzen. Die Rechtsregeln aber, die nach allgemeinem Verwaltungsrecht für diese Ermessensgrenzen gelten, binden die Verwaltung, sind zwingenden Rechts[46].

---

[46] Vgl. BVerwG Urteil v. 31. 1. 1958, Bd. 6, S. 167, und Urteil v. 18. 8. 1960, Bd. 11, S. 95; ferner O. Bachof, JZ 1962, S. 701 ff. (S. 702).

VI. Grenzen des Opportunitätsprinzips

Ein subjektiv-öffentliches Recht auf fehlerfreie Ausübung des Ermessens, d. h. der Rechtsanspruch auf fehlerfreie Entscheidung der Verwaltungsbehörde wird heute schon allgemein von der Rechtsprechung anerkannt; er wird üblicherweise aus dem Gleichheitssatz abgeleitet[47]. So entschied etwa das OVG Münster in seinem Urteil vom 11. 5. 1950[48], daß der Kläger einen Rechtsanspruch auf Vornahme einer bestimmten Behördenmaßnahme (hier nach § 14 PVG) nur habe, wenn der beantragte Verwaltungsakt das einzige in Frage kommende Mittel zur Beseitigung einer Störung der öffentlichen Ordnung gewesen wäre und die Verweigerung der beantragten Maßnahme als behördlicher Ermessensfehler zu betrachten sei. Ähnlich ist der Standpunkt des Bayerischen Verwaltungsgerichtshofs (BayVGH) in seiner Entscheidung vom 17. 1. 1952 (Nr. 128 IV 50): „Es ist zwar auch bei der Entscheidung von Fragen nach freiem (pflichtmäßigem) Ermessen nicht gänzlich ausgeschlossen, daß der von einer solchen Entscheidung ‚Betroffene' vor dem Verwaltungsgericht durch Klage geltend machen kann, er sei in seinen Rechten verletzt worden und zwar dadurch, daß der von ihm gestellte Antrag auf Grund ermessensmißbräuchlicher Erwägungen abgelehnt worden sei; die Behörde sei verpflichtet, über die ihn ‚betreffende' Angelegenheit in sachgerechter Würdigung der Ermessensgesichtspunkte zu entscheiden; jedoch müssen in einem solchen Fall die tatbestandlichen Voraussetzungen schon besonders gelagert sein, um die Beeinträchtigung subjektiver Rechte annehmen zu können".

Zutreffend stellt der BayVGH in dieser Entscheidung fest, daß nicht jeder Pflicht der Behörde zu einem bestimmten Handeln schon ein Rechtsanspruch eines Dritten auf dieses Handeln korrespondiert, während allerdings umgekehrt jeder Rechtsanspruch eine Rechtspflicht voraussetzt. Zur Bejahung einer Rechtspflicht der Behörde zum Handeln im konkreten Fall in einem ansonsten vom Opportunitätsprinzip beherrschten Bereich der Verwaltung kommt auch der BGH in seinem Urteil vom 11. 6. 1952[49]. Ausgehend von der Jellinek'schen Lehre von der Ermessensskala und den Ermessensgrenzen stellt der BGH fest, daß es bei aller Anerkennung des Opportunitätsprinzips Gefahrenfälle geben könne, wo die Behörde sich für eine Untätigkeit eben nicht mehr auf ihr Verwaltungsermessen berufen kann. Der BGH will insoweit von einem limitierten, beschränkten Opportunitätsprinzip sprechen. Der BGH verkennt dabei allerdings, daß das Opportunitätsprinzip schon der Natur der Sache nach limitiert, kein starres Prinzip ist und keine absolute Größe darstellt. Wie weit das Opportunitätsprinzip der Verwaltung freie Hand läßt, wird jeweils im Einzelfall verschieden

---

[47] Ule, Kommentar zur VwGO, 2. Aufl., S. 120, Anm. II zu § 42.
[48] OVGE, Bd. 2, S. 107 (109).
[49] DÖV 1952, S. 734, weitere Fundstellen vgl. Fußnote 4.

5. Opportunitätsprinzip und subjektiv-öffentliches Recht

sein; denn die Freiheit des Verwaltungshandelns wird ja vom konkreten Fall gemessen an der Verwaltungsaufgabe bestimmt. Der Opportunitätsbereich der Verwaltung ist nun einmal, wie wir gesehen haben, außerordentlich flexibel; er ist überdies vielschichtig, ja mehrstufig, so daß zwischen dem Kann und Muß der Verwaltung von Anfang an keine fixen, starren Grenzen existieren. Solch starre Grenzen erscheinen überdies nicht nur nicht wünschenswert, sondern im Hinblick auf die Verwaltungszwecke sogar untunlich.

Einen weiteren Baustein zur Lösung dieses Problems stellt dann die Entscheidung des OVG Lüneburg vom 30. 6. 1960[50] dar. Diese Entscheidung geht nun schon davon aus, daß „der Zweck der Ermächtigung beim Opportunitätsprinzip einerseits an der Lage des Falles, andererseits an der Funktion der Ordnungsbehörden auszurichten ist". Hier wird also im Hinblick auf das Opportunitätsprinzip bereits die Relation zwischen der Verwaltungsintensität des Falles und der Verwaltungsaufgabe gezogen, d. h. es wird der konkrete Fall gesehen unter dem Aspekt der Verwaltung, also von den Verwaltungsinteressen her betrachtet in Beziehung gesetzt zur abstrakt vorgegebenen Verwaltungsaufgabe. Dieses Urteil wirft dann auch das Rechtsanspruchsproblem auf. Es wird dabei wenigstens theoretisch die Möglichkeit des subjektiv-öffentlichen Rechts auf ein Handeln der Behörde aus der Aufgabenstellung der Behörde vorausgesetzt und geprüft, ob die Behörde zum Handeln gezwungen werden kann, wenn der Betroffene einen zum gewünschten Ergebnis führenden zivilrechtlichen Anspruch hat. In Übereinstimmung mit der Rechtsprechung des PrOVG wird ein subsidiäres behördliches Einschreiten für den Fall bejaht, daß der Schutz von Vermögensinteressen in Frage steht. Die Behörde könnte also nur eingreifen, wenn keine Vermögensinteressen auf dem Spiele stehen. Eine Rechtspflicht wird für das behördliche Einschreiten jedoch deshalb verneint, weil es nicht ermessensfehlerhaft sei, wenn die Behörde insoweit lediglich auf den Zivilrechtsweg verweise. Die Entscheidung ist für unsere Problemstellung nicht zuletzt deshalb von Interesse, weil durch sie sehr klar zum Ausdruck gebracht wird, daß für das subjektiv-öffentliche Recht im Einzelfall eine Gemengelage privater und öffentlicher Interessen gegeben sein kann. Die Verwaltungsbehörden haben aber heute in aller Regel mit Fällen zu tun, bei denen öffentliche und private Interessen engstens ineinander verwoben sind.

Einen neuen Abschnitt in den Erörterungen zur Frage Opportunitätsprinzip und subjektiv-öffentliches Recht hat dann das Urteil des Bundesverwaltungsgerichts vom 18. 8. 1960[51] eingeleitet. Es ging hier um die Frage, ob die Verwaltungsbehörde von Dritten zu einem Be-

---

[50] DVBl. 1960, S. 648.
[51] BVerwGE, Bd. 11, S. 95.

triebsverbot gezwungen werden kann, wenn der Betrieb die Nachbarschaft durch Staubentwicklung und Geräusche stört. Auch diese Entscheidung geht zunächst vom Ermessensspielraum der Behörde aus und stellt dann fest, daß „für eine rechtsfehlerfreie Ermessensausübung neben anderen Umständen auch das Ausmaß oder die Schwere der Störung oder Gefährdung eine maßgebende Bedeutung haben kann. Bei hoher Intensität der Störung oder Gefährdung kann eine Entschließung der Behörde zum Nichteinschreiten unter Umständen sogar als schlechthin ermessensfehlerhaft erscheinen, praktisch kann dieserhalb die rechtlich gegebene Ermessensfreiheit derart zusammenschrumpfen, daß nur eine einzige ermessensfehlerfreie Entschließung, nämlich die zum Einschreiten, denkbar ist und höchstens für das ‚Wie' des Einschreitens noch ein ausnutzbarer Ermessensspielraum der Behörde offen bleibt. Unter dieser besonderen Voraussetzung kann der an sich nur auf ermessensfehlerfreie Entschließung der Behörde gehende Rechtsanspruch im praktischen Ergebnis einem strikten Rechtsanspruch auf ein bestimmtes Verwaltungshandeln gleichkommen". Dieses Urteil bedeutet bei richtigem Verständnis nun keinesfalls die Infragestellung des Opportunitätsprinzips vom subjektiv-öffentlichen Recht her. Es handelt sich auch nicht um eine Beschränkung, Limitierung der Opportunität. Der Fall ist nämlich in seiner konkreten Form, auch wenn es um die Anwendung von Befugnisnormen geht, eben gar kein Fall eines Handlungsermessens mehr. Aber nicht etwa aus der Befugnis der Behörde, sondern aus der Verwaltungsaufgabe der Behörde in Beziehung gesetzt zum Sachverhalt, zum Vorgang, ergibt sich hier die Rechtspflicht der Behörde zum Handeln. Und unabhängig von dieser Rechtspflicht der Behörde ist gesondert zu prüfen, ob der Betroffene dieses Handeln erzwingen kann. Diese letzte Unterscheidung zwischen der Rechtspflicht der Behörde zum Handeln einerseits und dem Rechtsanspruch des Dritten auf ein Handeln der Behörde andererseits ist leider in dem Urteil des Bundesverwaltungsgerichts nicht hinlänglich herausgearbeitet. Wenn wir das bis jetzt Dargelegte auf diesen Fall anwenden, kommen wir zu folgendem Ergebnis:

Die Verwaltungsbehörde hat zunächst immer zu prüfen, ob die Erledigung des Falles zu ihren Verwaltungsaufgaben gehört. Weiter prüft sie, ob sie überhaupt rechtliche Möglichkeiten eines Eingreifens hat. Ist dies zu bejahen, weil ihr entsprechende Befugnisnormen zur Verfügung stehen, prüft sie vor dem „Wie" des Eingreifens das „Ob" des Eingreifens und bestimmt den ihr dabei zur Verfügung stehenden Ermessensspielraum. Diese Prüfung geschieht aber nicht durch Auslegung der Befugnisnorm, sondern zunächst allein durch ein Inbeziehungsetzen des Sachverhalts, wie er sich aus der Interessenlage der Verwaltung her darstellt, mit der Aufgabennorm. Das bedeutet, der Sachverhalt wird von der Verwaltungsbehörde vorweg subsumiert unter die Aufgabennorm mit dem Ziel, die Verwaltungsintensität bzw. die polizeiliche Intensität des Falles zu bestimmen. Es wird also zunächst anhand der Aufgabennorm festgestellt, ob der Fall eine Verwaltungsmaßnahme erfordert und gegebenenfalls welche. Ergibt die Prüfung, daß die Behörde auf Grund der Aufgabennorm gehalten ist, einzugreifen, entfällt jedenfalls für die Frage des Eingreifens das Handlungsermessen. Es stellt sich dann allenfalls bei mehreren möglichen Maßnahmen noch die Frage, welche Maßnahme die Verwaltungsbehörde zu treffen hat. Diese Frage ist wiederum aus der gegebenen Aufgabenstellung zu beantworten. An Hand der Befugnisnorm ist schließlich festzustellen, ob die in Aussicht genommene Maßnahme rechtlich zulässig ist. Damit sind jedoch erst die Rechtspflicht und die Befugnis der Behörde zum Handeln festgestellt.

Die weitere Frage, ob der betroffene Dritte einen Rechtsanspruch auf ein Handeln der Behörde hat, ist damit noch keinesfalls beantwortet; denn der formale Rechtsanspruch auf pflichtmäßige Ermessens*ausübung* darf nicht gleichgesetzt werden mit dem materiellen Anspruch auf eine bestimmte Verwaltungs*entscheidung*. Gewiß, in dem hier behandelten Falle ist wegen Ausfallens des Ermessensspielraums nur eine bestimmte Entscheidung der Behörde vertretbar; ob sie aber von Dritten erzwungen werden kann, kann sich nicht aus der Aufgabenstellung der Verwaltung, sondern nur aus der Interessenlage desjenigen ergeben, der einen solchen Anspruch geltend macht. Es muß also jetzt noch anhand der ratio der Befugnisnorm geprüft werden, ob mit dieser der Behörde zuerkannten Ermächtigung oder Befugnis nur öffentliche Interessen oder zumindest auch gleichzeitig ein Individualinteresse desjenigen geschützt werden sollte, der mit dem Anspruch auftritt, die Behörde habe von dieser Ermächtigung oder Befugnis Gebrauch zu machen. Und nur derjenige, der im Einzelfalle dartun kann, daß die Befugnisnorm zumindest auch sein Individualinteresse zu schützen bestimmt ist, hat einen Rechtsanspruch gegenüber der Verwaltungsbehörde auf ein bestimmtes Handeln, auf eine bestimmte Maßnahme, vorausgesetzt allerdings, daß die Maßnahme durch die Aufgabenstellung der Verwaltung geboten ist.

Die Entscheidung des Bundesverwaltungsgerichts vom 18. 8. 1960[52] ist in ihrer Tragweite für die Verwaltungspraxis wohl eine der bedeutendsten Entscheidungen der letzten Jahre. Diese Entscheidung wäre völlig mißverstanden, wenn man etwa in ihr eine Weiterentwicklung der Verwaltungsrechtsprechung in Richtung einer immer stärkeren Bindung der Verwaltung sehen wollte. Die Entscheidung bemüht sich nur, die vorhandenen und meist schon verfassungsrechtlich vorgegebenen

---

[52] BVerwGE, Bd. 11, S. 95.

Bindungen der Verwaltung zu analysieren. Sie stellt dabei sehr richtig fest, daß sich Freiheit und Bindung, Opportunitätsprinzip und subjektiv-öffentliches Recht keinesfalls ausschließen, daß beides für eine rechtsstaatliche Verwaltung vonnöten ist; und sie legt ferner dar, daß sich die jeweilige Grenzsituation aus der Intensität des Falles, der Verwaltungsaufgabe und der Interessenlage des Betroffenen mit den bekannten Interpretationsmitteln durchaus bestimmen läßt. Insofern ist diese Entscheidung daher alles eher als die jurisdiktionelle Bestätigung einer in unserer Zeit sich etwa anbahnenden Limitierung oder gar Verneinung des Opportunitätsprinzips. Durch diese Entscheidung wird nur sehr deutlich, daß letztlich die Bindung der Verwaltung und dementsprechend auch die Freiheit der Verwaltung keine fixen Größen darstellen, was aber keinesfalls bedeutet, daß die Grenze im Einzelfalle nicht bestimmbar ist. Opportunitätsprinzip kann nicht gleichbedeutend sein mit rechtlicher Bindungslosigkeit im Sinne eines Freiseins von der Rechtsordnung. Wäre dies so, dann bliebe wohl für ein Opportunitätsprinzip der Verwaltung im Rechtsstaat kein Raum mehr. Aber selbst im ermessensfreien Raum der Verwaltung setzt, wie wir gesehen haben, die Verwaltungsaufgabe den Bezugspunkt zur Rechtsordnung. Die Verwaltungsaufgabe ist die allerdings immer flexible Schranke des Verwaltungshandelns. Dies ist offensichtlich auch gemeint, wenn verschiedentlich wohl in Verkennung des Wesens und der Grenzen des Opportunitätsprinzips von einem beschränkten, limitierten Opportunitätsprinzip die Rede ist.

Der Sachverhalt mag aber im Einzelfall noch so sehr ein Handeln der Verwaltungsbehörde erfordern und selbst die Rechtspflicht der Behörde zum Handeln mag ganz eindeutig sein, ein Rechtsanspruch des Dritten auf ein Einschreiten der Behörde kann daraus allein nie erwachsen. Die Rechtsansprüche Dritter gegen den Verwaltungsträger ergeben sich nicht schon aus den behördlichen Aufgaben und Pflichten. Rechtsansprüche müssen unbeschadet der behördlichen Pflicht zum Handeln immer aus der Rechtsordnung nachgewiesen werden[53]. Rechtskonstruktiv ist dieser Anspruch in aller Regel nur zu rechtfertigen aus der Befugnisnorm. Ob in einem Gesetz Aufgabenumschreibung und Befugniserteilung rein normativ bereits geschieden sind, ob Aufgabe und Befugnis in *einer* Norm festgelegt sind oder die Befugnis gar noch aus der normativ festgelegten Aufgabe erschlossen wird, wie etwa bei der polizeilichen Generalklausel des alten preußischen Rechts, rein rechtskonstruktiv hat man bei der Subsumtion eines Sachverhalts unter die einschlägigen Rechtsvorschriften immer zu trennen zwischen der Verwaltungsaufgabe einerseits und der Befugnis der Verwaltungs-

---

[53] Im einzelnen vgl. auch O. Bachof, Anm. zum Urteil des Bundesverwaltungsgerichts vom 18. 8. 1960, DVBl. 1961, S. 128 ff.

behörde zum Handeln andererseits. Für den allerdings, der glaubt, solch trennenden Denkens entraten zu können, bleibt die nur vordergründige Antinomie von Opportunitätsprinzip und subjektiv-öffentlichem Recht schwer erklärlich und lösbar. Daß aber für den gesamten Bereich der nach Opportunitätsprinzip handelnden Verwaltung Rechtsansprüche des einzelnen auf bestimmte Maßnahmen der Behörde nicht ausgeschlossen werden können, zeigen nicht nur das o. a. Urteil des Bundesverwaltungsgerichts, sondern nicht zuletzt auch die vielen Fälle, in denen selbst die Verwaltungspraxis heute dem Bürger derartige Rechte tatsächlich bereits einräumt[54].

Der Rechtsanspruch des einzelnen auf ein Handeln der Verwaltungsbehörde liegt aber nicht parallel dem *Schadenersatzanspruch aus Amtspflichtverletzung*. Eine Beziehung zwischen den beiden Ansprüchen besteht nur insoweit, als der Schadenersatzanspruch aus Amtspflichtverletzung immer dann entfällt, wenn kein Rechtsanspruch auf ein Handeln der Verwaltungsbehörde besteht, weil der Betroffene sich selbst helfen kann[55]. Im übrigen kann jedoch das Unterbleiben des behördlichen Eingreifens durchaus einen Schadenersatzanspruch zur Folge haben, ohne daß gleichzeitig ein Anspruch auf ein Einschreiten der Behörde besteht. Dies ergibt sich zunächst schon einmal aus dem eben Ausgeführten und dann auch daraus — damit lassen sich vielleicht diese Ausführungen noch verdeutlichen —, daß *Amtspflicht* und *Rechtspflicht* bislang eben keine kongruenten Begriffe sind. Man mag das Auseinanderfallen dieser Ansprüche bedauern[56]; rechtskonstruktiv sehe ich aber, jedenfalls solange Amtspflichten auch durch Dienstanweisungen begründet werden können, keine Lösungsmöglichkeit[57].

VII. Opportunitätsprinzip und Rechtsstaatsprinzip

Zum Abschluß dieser Untersuchung des Opportunitätsprinzips sei noch einmal zurückgegriffen auf die bereits eingangs erwähnte Klassi-

---

[54] Vgl. J. Schneeberger, Ordnungsbehördliches Ermessen und Rechtsanspruch auf Eingriffe gegen Dritte, Bd. 13 der Schriftenreihe der Hochschule Speyer (Wandlungen der rechtsstaatlichen Verwaltung) 1962, S. 77 ff. (vor allem S. 85 ff.) und die dort aufgezählten Beispiele. Schneeberger erkennt solche Rechtsansprüche z. B. an beim ermessensfehlerhaften Nichteinschreiten der Ordnungsbehörden sowie beim Vorhandensein von Rechtsnormen (gemeint sind wohl Befugnisnormen), die nicht nur dem Gemeininteresse, sondern auch dem persönlichen Interesse des einzelnen zu dienen bestimmt sind, was jeweils nach den Grundsätzen verfassungskonformer Auslegung ermittelt werden müsse. In beiden Fällen will allerdings Schneeberger ein entsprechendes ordnungsbehördliches oder polizeiliches Handeln zugunsten des einzelnen nur unter dem Gesichtspunkt der Subsidiarität zulassen (vgl. a. a. O., S. 95).
[55] Für den Bereich der Polizei ist dies bereits entschieden durch RGZ Bd. 147, S. 144 (S. 147).
[56] Vgl. O. Bachof in DVBl. 1961, S. 131, lk. Sp.
[57] Vgl. Palandt, Kommentar zum BGB, Anm. 4 zu § 839, ferner Forsthoff, Lehrbuch des Verwaltungsrechts, 8. Aufl. 1961, S. 120.

fizierung des Opportunitätsprinzips als einen notwendigen Kompromiß zwischen Rechtsstaatsidee und Staatswirklichkeit[58]. Der mit dieser These doch provozierten Frage nach der Rechtsstaatlichkeit des Opportunitätsprinzips soll wenigstens in Kürze noch nachgegangen werden. Der Rechtsstaat verlangt nicht ein geschlossenes System zwingenden, strikten Rechts. Die Normkategorie des ius strictum stellt lediglich das absolute Ideal, nur das äußerste Extrem der Rechtssicherheit dar. Der Rechtsstaat erfordert aber gar nicht eine solche Rechtsordnung der theoretisch vollkommensten Rechtssicherheit. Ein solcher Staat wäre nämlich das Zerrbild des doch um des Menschen willen geordneten Gemeinwesens. Um das für jedes Gemeinwesen erforderliche Maß der Rechtssicherheit mit der schon rein menschlich erforderlichen Billigkeit und mit den Bedürfnissen des Alltags, der ja keineswegs stricti iuris verläuft, zu vereinbaren, begnügt sich auch der Rechtsstaat für seine Verwaltung mit deren Gesetzmäßigkeit, d. h. mit dem *Vorrang und dem Vorbehalt des Gesetzes*. Das Prinzip der Gesetzmäßigkeit der Verwaltung bedeutet nun nicht eine möglichst weitgehende Bindung der Verwaltung in Gestalt strikten Rechts, erheischt nicht die Automatik der Verwaltungsentscheidung. Wo eine absolute Rechtssicherheit unsinnig würde, ja gar nicht durchgestanden werden könnte, weil auch die Rechtsordnung im Hinblick auf die Wandelbarkeit der tatsächlichen Verhältnisse der Verwaltung freien Raum geben muß, genügt dem Rechtsstaat eine Gesetzmäßigkeit der Verwaltung im Sinne einer Ermächtigung der Verwaltung zum Handeln. Die diese Ermächtigung beinhaltende Befugnisnorm, der das Handlungsermessen inhärent ist, entspricht also durchaus dem Gesetzmäßigkeitsprinzip. Überdies sind der Freiheit der Verwaltung, nach pflichtmäßigem Ermessen zu handeln, wie auch der nicht einmal mehr ermessensgebundenen Gestaltungsfreiheit der Verwaltung, die ja, wie wir gesehen haben, den Opportunitätsbereich der Verwaltung ausmachen, in jedem Fall durch die bindende Aufgabenstellung die rechtsstaatlich erforderlichen äußersten Schranken gesetzt.

Nun kann man entgegnen, entspricht denn dieses Handeln der Verwaltung in diesem Bereich der Opportunität, noch dem rechtsstaatlichen Erfordernis der Voraussehbarkeit, wie sie etwa in Art. 80 GG umschrieben ist? Voraussehbarkeit bedeutet aber nicht völlige Vorherbestimmtheit des Verwaltungshandelns im Sinne einer Automatik des Verwaltungsablaufs. Eine derartige Bestimmtheit ist schon angesichts der anstehenden Verwaltungsaufgaben nicht vorstellbar und wohl auch nicht erforderlich, zumal wenn man davon ausgeht, daß die Erfüllung von Verwaltungsaufgaben nicht etwa nur Normvollzug, nicht lediglich Rechtsverwirklichung ist. Die Befugnisnorm soll der Verwaltung die Er-

---

[58] Vgl. oben S. 13.

VII. Opportunitätsprinzip und Rechtsstaatsprinzip

füllung ihrer Aufgaben ermöglichen; und es genügt diese Befugnisnorm rechtsstaatlichen Anforderungen, wenn sie erkennen läßt, wie weit gegebenenfalls die Verwaltung in den Rechtskreis des einzelnen eingreifen darf[59]. Die Notwendigkeit einer solchen Verwaltungsfreiheit für den Rechtsstaat wird noch deutlicher, wenn man sich einmal vor Augen führt, wie unverträglich es gerade mit dem Rechtsstaatsprinzip sein würde, wenn alle Normen unseres Verwaltungsrechts in gesetzliche Verpflichtungen umgewandelt würden, mit anderen Worten, wenn ein absolutes Legalitätsprinzip für die Verwaltung Geltung beanspruchen würde. Der eigentliche Sinn des Rechtsstaatsprinzips würde nämlich damit in sein Gegenteil verkehrt. Entwicklungsgeschichtlich gesehen war ein entscheidendes Motiv des Rechtsstaates, den Bürger nach Möglichkeit vor nicht gerechtfertigten staatlichen Eingriffen und Belastungen, d. h. vor Eingriffen und Belastungen, die für die Erfüllung der jeweiligen Verwaltungsaufgaben nicht unumgänglich notwendig sind, zu bewahren. Im Bereich der Verwaltung geht es eben nicht unbedingt um eine absolute Gleichheit des Normvollzugs wie etwa im Bereich staatlichen Strafens; es geht nicht um eine Automatik von Rechtsfolgen, um eine Rechtsverwirklichung ohne Rücksicht auf das Ergebnis, sondern lediglich um die Erfüllung von Verwaltungsaufgaben. Gerade in diesem Urzweck allen Verwaltens, in der Erfüllung von Aufgaben, ist die tiefe rechtsstaatliche Bedeutung des Opportunitätsprinzips begründet, das der Verwaltung nicht etwa zur Willkür, als Ausrede für ein bequemes Untätigsein, zum Ausweichen oder zum Taktieren, sondern um des Staatsbürgers, um des Menschen willen zugestanden ist[60].

In diesem letzten und tiefsten Sinne erscheinen uns daher Rechtsstaatsprinzip und Gesetzmäßigkeit der Verwaltung einerseits sowie Opportunitätsprinzip, Handlungsfreiheit und Handlungsermessen der Verwaltung andererseits keinesfalls antinomisch, sondern rückbezüglich, ja, in gewisser Weise bedingen sie einander. Das Opportunitätsprinzip der Verwaltung hat im Zusammenhang dieser Prinzipien die sehr wesentliche Funktion, die immer situationsbedingte Erfüllung der Verwaltungsaufgaben zu gewährleisten und die hierbei im Rechtsstaat erforderliche Verschränkung von Rechtsverwirklichung und freier schöpferischer Gestaltung, wie sie das Wesen der Verwaltung ausmacht, zu ermöglichen.

Und dieses Essentiale der Verwaltung, das wir gern auch als das dynamische Element der Verwaltung bezeichnen, ist eigentlich weniger davon abhängig, ob man das Prinzip der Gesetzmäßigkeit der Verwaltung weit oder eng auffaßt, ob man den Art. 20 Abs. 3 GG extensiv oder

---

[59] Vgl. Franz Mayer, Das verfassungsrechtliche Gebot der gesetzlichen Ermächtigung, in der Festschrift für H. Nottarp, 1961, S. 187 ff. (S. 191).
[60] Im einzelnen vgl. den Beschluß des Bundesverfassungsgerichts vom 3. 2. 1959, DÖV 1959, S. 302 ff.

restriktiv interpretiert, ob die Verwaltungsgesetze viele oder wenige unbestimmte Gesetzesbegriffe verwenden[61]. Die Handlungsfreiheit und Handlungsfähigkeit der Verwaltung werden schließlich ja nicht durch die Ermächtigungs- und Befugniskataloge der Verwaltungsgesetze beschnitten. Nicht das neue Verwaltungsgesetz, das in einem Befugniskatalog die für einen bestimmten Bereich der Verwaltung möglichen Maßnahmen erschöpfend regelt, engt den Handlungsbereich der Verwaltung ein, sondern das verfassungsrechtliche Gebot, das diesen Befugniskatalog erfordert. Der wegen seines Perfektionismus dann meist vielgerügte Gesetzgeber ist aber vielfach zu einer solchen verfassungsadäquaten Umgestaltung der überkommenen liberal-bürgerlichen Verwaltungsgesetze nicht zuletzt gerade um der weiteren Handlungsfähigkeit der Verwaltung willen gezwungen[62]. Die These vom vergänglichen Verfassungsrecht und dem alles überdauernden, fortlebenden Verwaltungsrecht hat sich zumindest nach 1945 insoweit als irrig erwiesen. Das Grundgesetz bedingt einen Umbau des überkommenen Verwaltungsrechts, der sich in unseren Tagen vollzieht und nicht zuletzt die Erhaltung der Gestaltungsfähigkeit der Verwaltung zum Ziele hat. Die Erfüllung des verfassungsrechtlichen Gebots der gesetzlichen Ermächtigung, d. h. die vom Grundgesetz erforderte Gesetzesbindung der Verwaltung kann und darf — den Verfassungsauftrag an den Gesetzgeber richtig verstanden — nicht die Infragestellung des Opportunitätsprinzips bedeuten. Unbeschadet aller Normbindung sind die Lebensfähigkeit und die Wirksamkeit der Verwaltung entscheidend im Opportunitätsprinzip begründet, dessen Aushöhlung erst die Verwaltung auf die reine Rechtsverwirklichung zurückdrängen und sie damit als eigenständige Staatsgewalt aus unserer Staatswirklichkeit eliminieren würde.

---

[61] Vgl. Franz Mayer, Das verfassungsrechtliche Gebot der gesetzlichen Ermächtigung, in der Festschrift für H. Nottarp, 1961, S. 187 ff. (S. 193/194).
[62] Der sich hier stellenden interessanten Frage, inwieweit der oben (II) erwähnte Strukturverfall des Gesetzes unter anderem auch verfassungsbedingt ist, kann in diesem Zusammenhang nicht nachgegangen werden.

Printed by Libri Plureos GmbH
in Hamburg, Germany